Alexander Solschenizyn
Die russische Frage am Ende
des 20. Jahrhunderts

SERIE PIPER
Band 2099

Zu diesem Buch

Im Sommer 1994 verfolgte die ganze Welt, besonders aber die Menschen in Rußland, fasziniert und beeindruckt die Rückkehr des größten russischen Schriftstellers dieses Jahrhunderts in seine Heimat.

Zu diesem besonderen Anlaß hat Alexander Solschenizyn in dem provokativen Manifest »Die russische Frage am Ende des 20. Jahrhunderts« seine Vorstellungen von der Lösung der bedrängenden Probleme des Landes und von seiner künftigen Rolle in einer gründlich veränderten Welt dargelegt.

Dieser Text wurde nach Solschenizyns Rückkehr in Rußland veröffentlicht und hat sofort eine umfangreiche Debatte ausgelöst.

Ergänzt wird der Text durch drei große Reden und ein Interview Solschenizyns aus dem Jahr 1993.

Alexander Solschenizyn, geboren 1918 in Kislowodsk, Studium, Militärdienst, 1945 Verurteilung zum Straflager, Rehabilitation 1956. In der Sowjetunion erscheint 1962 »Ein Tag im Leben des Iwan Denissowitsch«, alle späteren Werke kann er nur im Ausland publizieren. 1970 erhält Solschenizyn den Nobelpreis für Literatur, 1974 wird er aus der Sowjetunion abgeschoben. Seit 1976 lebte er in Cavendish/Vermont (USA). Im Sommer 1994 kehrte er, nachdem ihm 1990 schon von Gorbatschow sämtliche Bürgerrechte wieder verliehen worden waren, nach Moskau zurück.

Von seinem Hauptwerk, dem Revolutionsepos »Das Rote Rad«, sind im Piper Verlag bisher erschienen: »August vierzehn« (1987), »November sechzehn« (1986) und »März siebzehn« (Erster Teil 1989, Zweiter Teil 1990).

Alexander Solschenizyn

Die russische Frage am Ende des 20. Jahrhunderts

Herausgegeben, übersetzt und mit einem Nachwort
von Wolfgang Kasack

Piper
München Zürich

Von und über Alexander Solschenizyn liegen in der
Serie Piper bereits vor:
Heddy Pross-Weerth (Hg.)
Alexander Solschenizyn. Das Rote Rad –
Texte, Interviews, Reden (SP 594)
Rußlands Weg aus der Krise (SP 1400)

Die Originalausgabe von »Die russische Frage am Ende
des 20. Jahrhunderts« erschien 1994 in Novyj mir, Heft 7,
unter dem Titel »›Russkij vopros‹ k koncu XX veka«.
Angaben zu sämtlichen Texten im Quellenverzeichnis S. 165

ISBN 3-492-12099-7
Deutsche Erstausgabe
Dezember 1994
© Alexander Solschenizyn 1993, 1994
Alle Rechte der deutschen Ausgabe:
© R. Piper GmbH & Co. KG, München 1994
Umschlag: Federico Luci
Umschlagfoto: Süddeutscher Verlag, Bilderdienst
Gesamtherstellung: Clausen & Bosse, Leck
Printed in Germany

Inhalt

Vorbemerkung des Herausgebers
7

Rede an der Internationalen Akademie für Philosophie im
Fürstentum Liechtenstein
9

Ansprache anläßlich der Enthüllung des Denkmals für die
Opfer des Aufstands in der Vendée
24

Dankesrede anläßlich der Verleihung der Literatur
Ehrenmedaille durch den National Arts Club in New York
28

Rußland am Vorabend der Wahlen 1993. Interview
36

Die russische Frage am Ende des 20. Jahrhunderts
46

Anhang

Wolfgang Kasack: Der Schriftsteller als Publizist.
Zusammenbruch und Wiederaufbau Rußlands aus der Sicht
Solschenizyns 1993 / 1994
145

Quellen
165
Im Nachwort erwähnte Interviews des Jahres 1993
166
Ausgewählte Werke Solschenizyns in deutscher Sprache
166
Ausgewählte Literatur über Solschenizyn
167

Vorbemerkung

Dieser Band vereint die wichtigsten publizistischen Schriften Alexander Solschenizyns aus der Zeit unmittelbar vor seiner Rückkehr nach Rußland Ende Mai 1994 – drei Reden, einen Essay und ein Interview.

Er nimmt in allen Schriften zur aktuellen Lage Rußlands im Jahre 1993 Stellung – zur politischen, literarischen, auch zur wirtschaftlichen Situation. Sie behandeln die »Russische Frage am Ende des 20. Jahrhunderts« vor dem Hintergrund der Lage der Welt insgesamt. Er hat sie mit dem Gedanken geschrieben, durch solche Analysen seiner russischen Heimat in deren außerordentlich schwerer Umbruchsituation zu helfen.

An erster Stelle steht seine primär ethisch ausgerichtete Rede vor der Internationalen Akademie im Fürstentum Liechtenstein vom 14.9.1993 zum Thema »Fortschritt nicht um jeden Preis«.

An zweiter Stelle folgt seine kurze, vor allem politische Ansprache, die er am 25.9.1993 bei der Enthüllung eines Denkmals für die Opfer der Französischen Revolution in der Vendée gehalten hat.

Der Lage der modernen russischen Literatur und der aktuellen Krise der Kultur in der Welt ist seine New Yorker Rede vom Januar 1993 gewidmet.

Aus den Interviews während des Europaaufenthalts im Herbst 1993 hat Solschenizyn für diese deutsche Ausgabe dasjenige vorgeschlagen, das er dem Russischen Fernsehen unmittelbar vor seiner Rückreise in die USA am 21.10.1993 gab. Hier geht er auch auf Fragen der Wirtschaft und des Nationalismus ein.

Vier Fünftel des großen patriotischen Essays über die »Russische Frage«, der den Band beschließt, sind der russischen Geschichte gewidmet, die er in eigener Weise sieht und in dieser Ausführlichkeit darstellt, um die von ihm gezogenen Folgerungen für die Gegenwart zu untermauern. Der aktuelle Schlußteil verbindet neue Fakten mit einer großen Sorge um das Schicksal seines russischen Volkes.

Jeder der fünf Beiträge kann und wird in einzelnen Thesen und Schlußfolgerungen Zustimmung und Widerspruch auslösen. In ihrer Gesamtheit sind sie ein wichtiger, auch ein einmaliger Beitrag, um Rußland heute zu verstehen – und nicht nur Rußland, sondern auch uns in der durch den Zusammenbruch des sowjetischen Imperiums restlos veränderten Welt.

Wolfgang Kasack

Rede an der Internationalen Akademie für Philosophie im Fürstentum Liechtenstein – 14. September 1993

Durchlauchte!
Herr Rektor!
Meine Damen und Herren!

Jedesmal, wenn ich in das Fürstentum Liechtenstein komme, denke ich bewegt daran, wie dieser winzige Staat und sein ehrwürdiger verstorbener Fürst Franz-Josef II. im Jahre 1945 der ganzen Welt eine großartige Lektion erteilt haben, was Mut heißt: Unter unmittelbarer Bedrohung durch die unerbittliche sowjetische Kriegsmaschinerie zögerten sie nicht, einer Gruppe russischer Antikommunisten, die Schutz vor Stalins Tyrannei suchte, Zuflucht zu gewähren.

Dieses Beispiel ist um so lehrreicher, als in denselben Monaten die mächtigen demokratischen Staaten, die Autoren der lautstarken Atlantik-Charta, die allen Unterdrückten auf Erden Freiheit versprach, vor dem siegreichen Stalin katzbuckelten und ihm widerspruchslos ganz Osteuropa in die Sklaverei auslieferten und – von ihrem eigenen Territorium! – Hunderte und Hunderttausende sowjetischer Staatsangehöriger gegen deren erklärten Willen, ungeachtet der Selbstmorde unter ihnen, durch nackte Gewalt, sogar mit Bajonetten diesem selben Stalin in die Arme trieben – zu Rache, Lagerqual und Tod. Im Endergebnis galt zwar der millionenfache Tod von Sowjetmenschen für den gemeinsamen Sieg mit dem Westen als angemessen, sie selber aber hatten kein Recht auf Freiheit. (Erstaunlich ist dabei, daß die freie westliche Presse 25 Jahre lang Beihilfe leistete, dieses Verbrechen zu vertuschen. Jene englischen und amerikanischen Generäle und Beamten aber hat weder damals noch später jemand verdientermaßen als *Kriegsverbrecher* bezeichnet, von einer Verurteilung ganz zu schweigen.)

Politik und Ethik

Diese Gegenüberstellung der Heldentat im kleinen Liechtenstein und des Verrats auf der Führungsebene der Großmächte bringt uns unversehens weiter: zur Frage der Rolle des zulässigen und verantwortungsbewußt notwendigen Maßes an moralischem Handeln – in der Politik.

Erasmus von Rotterdam bezog die Politik noch in die Sphäre der Ethik ein, forderte, daß Politik eine Äußerungsform ethischer Regungen sein solle. Aber das war eben nur das 16. Jahrhundert.

Dann fing doch unsere Aufklärung an, und im 17. und 18. Jahrhundert machten wir uns die Lehre John Lockes zu eigen, daß es undenkbar sei, von ethischen Begriffen in Hinblick auf den Staat und sein Handeln zu reden. Und die Politiker, die im Laufe der Geschichte so oft von den belastenden Bindungen an ethische Forderungen frei waren, gewannen dadurch gleichsam eine zusätzliche theoretische Rechtfertigung. Die ethischen Motive von Staatsmännern waren auch früher schwächer als die politischen, doch in unserer Zeit wachsen die Folgen der so getroffenen Entscheidungen dramatisch an.

Natürlich können ethische Verhaltenskriterien einzelner Menschen, Familien und kleinerer Gruppen nicht hundertprozentig auf Politiker und Staaten übertragen werden, da gibt es keine volle Übereinstimmung: Die Größenverhältnisse, die Unbeweglichkeit und die Aufgaben staatlicher Institutionen bringen eine gewisse Deformation mit sich. Indessen werden auch Staaten von Politikern geleitet, und Politiker sind gewöhnliche Menschen, und ihre Handlungen wirken sich auch auf gewöhnliche Menschen aus; außerdem sind die Schwankungen im politischen Verhalten oft nur in geringem Maße durch staatliche Zwänge bedingt. Es müssen also viele ethische Forderungen, die wir gegenüber dem Menschen erheben – Ehrlichkeit statt Niedertracht und Betrug, Großmut und Güte statt Gier und Bosheit –, in erheblichem Ausmaß auch gegenüber der Politik der Staaten, Regierungen, Parlamente und Parteien erhoben werden.

Wenn aber Staats-, Partei- und Sozialpolitik nicht auf ethischen Prinzipien aufbauen, dann hat die Menschheit überhaupt keine Zukunft mehr. Vielmehr: Ob es nun um Staatspolitik oder um menschliches Verhalten geht – wenn sie nach einem ethischen Kompaß ausgerichtet sind, werden sie nicht nur die menschlichsten, sondern letztlich auch die umsichtigsten für die eigene Zukunft sein.

Im russischen Volk ist über die Jahrhunderte hinweg eine Vorstellung nicht verloschen, ein ideales Ziel, das mit einem eigenen Wort: *prawda* – Wahrheit, Rechtschaffenheit, Gerechtigkeit – ausgedrückt wird, man soll nach der *prawda* leben. Selbst Ende des bereits relativ trüben 19. Jahrhunderts bestand der russische Philosoph Wladimir Solowjow darauf, daß vom christlichen Standpunkt aus ethische und politische Tätigkeit eng miteinander verbunden seien und daß politische Tätigkeit auch nichts anderes sein könne als *ethisches Dienen*. Eine Politik aber, die nur den *Interessen* diene, beinhalte nichts Christliches.

Schrecklicherweise sind diese Orientierungspunkte in meiner Heimat noch stärker verloren gegangen als im Westen, und ich bin mir darüber im klaren, wie anfechtbar gegenwärtig meine Haltung ist, solche Ansichten auszusprechen. Dort, wo sich früher die UdSSR befand, sind nach siebzigjähriger ungeheuerlicher Unterdrückung der Menschen viele durch die plötzlich gewährte Freiheit zu schlecht kontrollierbaren Handlungen – und das noch bei umfassender Armut – auf einen gewissenlosen Weg geworfen worden, auf welchem den übelsten Lebensprinzipien freie Bahn gelassen wird. In unserem Land hat man siebzig Jahre lang Menschen vernichtet, und zwar nicht einfach beliebige, wie sie gerade kamen, sondern gerade die, die sich durch geistige und ethische Qualitäten abhoben. Daher ist das heutige Bild bei uns in Rußland trostloser und gröber, als wenn es nur von den üblichen Mängeln unserer menschlichen Natur abhinge.

Aber wir wollen nicht das Unglück von Ländern und Nationen gegeneinander abwägen: Es geht um ein uns alle gemeinsam betreffendes Unglück am Ende des zweiten Jahrtausends des Christentums. Und überhaupt – darf man so leicht dieses Wort in den Raum stellen – Ethik?

Das Bentham-Vermächtnis

Das 18. Jahrhundert hat uns Hieronymus Benthams Vermächtnis hinterlassen: Ethisch sei das, was der Mehrheit der Menschen gefalle; der Mensch könne sich auch niemals etwas anderes wünschen als das, was dem Erhalt seiner eigenen Existenz förderlich sei. Und diesen wertvollen und so bequemen Rat – mit welcher Bereitschaft hat ihn die sich zivilisierende Menschheit aufgegriffen! In den Geschäftsbeziehungen herrscht eiskaltes Berechnen, das sogar zur allgemein akzeptierten Verhaltensnorm geworden ist. Es gilt als unverzeihlicher Fehler, seinem Konkurrenten oder Opponenten irgendwo nachzugeben, wenn man ihm in Stellung, Stärke oder Reichtum überlegen ist. Für jedes Ereignis, jede Handlung, jede Absicht gilt als entscheidender Maßstab – der juristische. Er ist als Schutzwehr gegen unsittliches Handeln erdacht und wirkt sich auch oft so aus, aber gelegentlich erleichtert er ihm auch den Weg – in der Form eines »juristischen Realismus«.

Wir müssen noch froh darüber sein, daß dieser Juristen-Hypnose die solide menschliche Natur Widerstand leistet und sich nicht bis hin zu geistiger Lähmung und Gleichgültigkeit gegenüber fremdem Unglück einschläfern läßt. So gibt es viele Menschen im Westen, denen es gut geht und die bereitwillig auf fernen Schmerz und fremdes Leid reagieren, Dinge und Geld opfern, oft mit erheblichem persönlichem Einsatz.

Der unendliche Fortschritt

Die Kenntnisse des Menschen und seine Fähigkeiten können sich nur vervollkommnen, sie kennen keinen Halt – und sie sollen auch nicht haltmachen. Gegen Ende des 19. Jahrhunderts begann dieser Prozeß, sich zu beschleunigen, wurde auffälliger. Anne Robert Turgot verlieh ihm die wohlklingende Bezeichnung progrès – Fortschritt –, und zwar in dem Sinne, daß ein Fortschritt, der auf wirtschaftlicher Entwicklung beruht, zweifellos und unablässig zu einer generellen Verfeinerung der Sitten führe.

Diese wohlklingende Bezeichnung fand große Verbreitung und weitete sich bis zu einer fast allumfassenden und stolzen Lebensphilosophie aus: Wir *schreiten fort!* Bereitwillig glaubte die gebildete Menschheit sofort an diesen Fortschritt. Merkwürdigerweise aber machte sich keiner darüber Gedanken: Fortschritt – *wohin denn?* Fortschritt – *wovon denn?* Und droht uns nicht bei diesem Fortschritt irgendein Verlust? So unterstellte man voller Begeisterung, voller Zukunftsaussicht, daß der Fortschritt sich in allem, was es nur gibt, vollzieht, auch in der gesamten Menschheit. Aus diesem krampfhaften Fortschrittsoptimismus zog Marx den Schluß, die Geschichte führe uns zur Gerechtigkeit auch ohne Gott.

Die Zeit verging – und es zeigte sich, der Fortschritt, ja, der marschiert. Er übertrifft sogar umwerfend alle Erwartungen, doch er marschiert nur in der mit der Technik verbundenen Zivilisation (mit besonderen Erfolgen beim Ausbau der äußeren Lebensbedingungen und der militärischen Erfindungen).

Großartig marschierte der Fortschritt – aber er hatte Folgen, die die früheren Generationen keineswegs erwartet hatten.

Die erste Kleinigkeit, die wir übersehen und erst kürzlich entdeckt haben: Es kann keinen grenzenlosen Fortschritt in der begrenzten Umwelt der Erde geben. Die Natur erwartet von uns nicht, daß wir sie uns unterordnen, sondern daß wir sie unterstützen. Wir sind alle dabei, die uns überlassene Natur erfolgreich *aufzuzehren*. (Gott sei Dank, der Alarm ist ausgelöst, vor allem in den entwickelten Ländern, und Rettungsmaßnahmen sind angelaufen – wenn auch in noch zu geringem Ausmaß. Eine der sich positiv auswirkenden Folgen des Zusammenbruchs des Kommunismus ist der Zusammenbruch des für so viele Länder verführerischen Modells der irrsinnigsten Wirtschaftsform, des rücksichtslosesten und verlustreichsten ökonomischen Systems.)

Als zweite Fehleinschätzung erwies sich, daß mit dem Fortschritt keine generelle Verfeinerung der Sitten eintrat. Man hatte nicht mehr und nicht weniger als die menschliche Seele außer acht gelassen.

Wir gestatteten unseren Bedürfnissen, ins Unermeßliche zu wachsen, und wissen schon nicht mehr recht, worauf wir sie richten sollen. Mit der dienstfertigen Hilfe von Handelsfirmen werden immer neue Bedürfnisse erfunden und aufgebläht, manchmal auch völlig künstliche. Wir jagen ihnen massenweise hinterher, und doch bleibt die Befriedigung aus. Es wird sie auch nie geben.

Immer mehr Eigentum anhäufen? Aber auch das macht nie satt. (Menschen mit Durchblick ist seit langem klar: Eigentum muß anderen, höheren Gütern untergeordnet sein, muß eine geistige Rechtfertigung haben, seine eigene Mission – sonst führt es zur Aushöhlung des Lebens eines Menschen, wird zum Werkzeug der Habgier und Unterdrückung, wie es Nikolai Berdjajew formulierte.)

Den Menschen der westlichen Zivilisation steht heute ein weiträumiges, sich rasch entwickelndes Verkehrswesen zur Verfügung. Dabei ist auch unabhängig davon gültig, daß der Mensch jetzt schon fast die Grenzen seines Wesens überschreitet. Auch ohne den modernen Verkehr befindet er sich mit TV-Augen gleichzeitig überall auf dem ganzen Planeten. Doch es zeigt sich, daß auch durch dieses krampfhafte Tempo des technozentrischen Fortschritts und durch den Ozean oberflächlicher Informationen und minderwertiger Veranstaltungen die menschliche Seele nicht gedeiht, sondern nur verkümmert, daß das geistige Leben absinkt; dementsprechend verarmt und verblaßt unsere Kultur, so sehr man auch versucht, ihren Niedergang mit hohlen Neuigkeiten zu übertönen. Immer mehr Komfort, doch eine stetig sinkende geistige Entwicklung beim Durchschnitt. Eine Übersättigung tritt ein, und es packt uns eine beklemmende Niedergeschlagenheit, daß wir in dem Wirbel der Vergnügungen nicht zur Ruhe kommen, sondern auf lange Sicht der Kollaps droht.

Nein, nicht alle Hoffnung liegt bei Wissenschaft, Technologie und Wirtschaftswachstum. Mit der sieghaften, auf der Technik beruhenden Zivilisation haben wir zugleich eine geistige Unsicherheit bekommen. Mit ihren Geschenken tut sie uns nicht nur wohl, sie versklavt uns auch. Das *Interesse* bedeutet alles, das jeweilige *Interesse* darf nicht außer acht gelassen werden, alles geht um den Kampf für materielle Dinge, doch unser Gefühl sagt uns verhalten, daß etwas verloren gegangen ist – etwas Reines, Hohes und Zerbrechliches. Wir haben aufgehört, das *Ziel* zu sehen.

Lassen Sie es uns eingestehen, wenn auch flüsternd und nur uns selbst: Eine Welt voller Betriebsamkeit und Hetze – *wofür* leben wir eigentlich?

Doch wir sind der ewigen Probleme nicht ledig

Der Fortschritt läßt sich nicht aufhalten – von niemandem und durch nichts, aber es hängt von uns ab, ob wir aufhören, ihn als Strom unbegrenzter Wohltaten aufzufassen, oder ob wir in ihm eine Gabe sehen, die uns zu einer schweren Prüfung des Willens geschickt ist.

Zum Beispiel haben die Gabe des Telefons und die Gabe des Fernsehapparats bei nicht eingeschränkter Nutzung die Ganzheit unserer Zeit zerstört, den natürlichen Ablauf unseres Lebens, sie reißen uns aus ihm heraus. Die Gabe des verlängerten menschlichen Lebens hat als eine ihrer Folgen die ältere Generation für die mittlere zur Last gemacht und die alten Menschen zu langer Einsamkeit verurteilt, sie sind verlassen von ihren Nächsten und irreversibel von dem Glück getrennt, ihre seelische Erfahrung den kleinen Kindern weiterzugeben.

Indessen zerreißen zwischen den Menschen auch die horizontalen seelischen Bindungen. Bei all dem vorgeblichen Brodeln des politischen und sozialen Lebens wächst eine asoziale Abschottung und Vereinzelung, ein Mangel an Mitgefühl unter den Menschen, die mit ihren materiellen Interessen befaßt sind – und dem folgt dann eine penetrante Einsamkeit. (Da liegen auch der Ursprung und das Himmelschreiende des Existentialismus.)

Wir dürfen uns nicht einfach dem automatischen Ablauf des Fortschritts überlassen, sondern müssen uns bemühen, ihn uns um unserer selbst willen wieder geistig anzueignen. Wir müssen Wege einer solchen erneuten Aneignung suchen (oder bereits gefundene vertiefen), damit wir nicht lediglich Spielball des Fortschritts werden, sondern die Macht des Fortschritts wirklich darauf ausrichten, daß Gutes geschieht.

Der Fortschritt war als ein strahlender und geradliniger Vektor verstanden worden, erwies sich aber als nichteinfache gebogene Kurve. Er hat uns nun wieder zu denselben ewigen Problemen zurückgeführt, die schon früher bestanden, seit Urzeiten. Nur, um sie zu bewältigen, waren die Menschen damals nicht so zerstreut, nicht so zerfahren, wie wir es heute sind.

Wir haben in uns die Harmonie verloren, aus der heraus wir geschaffen wurden, die Harmonie zwischen unserer geistigen und leiblichen Natur. Auch jene seelische Klarheit, in der die Begriffe Gut und Böse noch nicht verspottet und durch die zum Prinzip gewordene Halbherzigkeit ihres Sinnes beraubt wurden.

Nichts legt unsere heutige geistige Hilflosigkeit und intellektuelle Verwirrung so bloß wie der Verlust eines klaren, friedvollen Verhältnisses zum *Tode.* Je stärker der Wohlstand der Menschen wächst, desto schärfer bohrt sich in die Seele des heutigen Menschen eisige Todesangst. Aus diesem unersättlichen, lauten, betriebsamen Leben hat sich ja eine derartige Massenangst vor dem Tod entwickelt, wie man sie in alten Zeiten gar nicht kannte. Der Mensch hat das Gespür dafür verloren, sich als begrenzten, wenn auch mit Willen begabten Punkt des Weltalls zu empfinden. Immer mehr und mehr deucht es ihn, Zentrum seiner Welt zu sein, versucht er, nicht sich der Welt anzupassen, sondern die Welt nach seinen Vorstellungen zu formen. Da wird natürlich der Gedanke an den Tod unerträglich, bedeutet er doch das Auslöschen des ganzen Weltalls mit einem Schlag.

Durch den Verzicht darauf, uns der unveränderlichen höchsten Kraft über uns bewußt zu bleiben, haben wir den Raum mit persönlichen Imperativen angefüllt, und plötzlich wurde es entsetzlich zu leben.

Nach dem kalten Krieg

Die Mitte des 20. Jahrhunderts war bei uns allen geprägt von der atomaren Bedrohung, die in ihrer Grausamkeit jegliche Vorstellungskraft übersteigt. Diese Bedrohung schob sich gleichsam vor alle Mißstände des Lebens. Alles übrige kam uns nichtig vor: Wir gehen ja doch zugrunde, leb also, wie du willst. Und diese gewaltige Bedrohung hat auch noch die Entwicklung des menschlichen Geistes und das bewußte Fragen nach dem Sinn des Lebens zum Stillstand gebracht.

Allerdings hat paradoxerweise dieselbe Gefahr eine Zeitlang der westlichen Gesellschaft auch einen gewissen, sie einenden Daseinszweck gegeben: sich zu wappnen und der tödlichen Gefahr des Kommunismus zu widerstehen. Es läßt sich zwar keineswegs behaupten, daß alle diese Gefahr restlos begriffen hätten, auch nicht, daß diese feste Haltung alle im Westen bis auf den letzten durchdrungen hätte – es gab nicht wenige, die kapitulierten, die leichtsinnig die westliche Stellung preisgaben. Doch das Übergewicht verantwortungsbewußter Menschen in den Regierungen bewahrte den Westen und ließ ihn die Kämpfe um Berlin und Korea gewinnen, Griechenland und Portugal vor dem Untergang retten. (Es gab allerdings Jahre, in denen die Führer des Kommunismus einen Blitzkrieg hätten durchführen können, ohne wahrscheinlich als Antwort einen atomaren Gegenschlag zu erhalten. Wohl nur die Altersschwäche der siechen Führer ließ sie ihre Absicht immer wieder aufschieben, bis sie Präsident Reagan mit einer erneuten, von ihnen schon nicht mehr zu verkraftenden Aufrüstungsspirale aus dem Rennen warf.)

Und nun, am Ende des 20. Jahrhunderts, trat ein von vielen meiner Landsleute erwartetes, im Westen aber für viele unerwartetes Ereignis ein: Der Kommunismus brach infolge seiner ihm seit je innewohnenden Lebensunfähigkeit und des lange in ihm schwärenden Fäulnisvorgangs von selbst in sich zusammen. Er zerfiel – mit galoppierender Schnelligkeit, und das zugleich in einem Dutzend Staaten. Damit entfiel schlagartig auch die Atomgefahr.

Und was geschah? Die Welt erlebte kurze Momente freudiger Erleichterung. (Manche vergossen auch Tränen über den Untergang der irdischen Utopie vom sozialistischen Paradies auf Erden.) Sie zogen vorüber, doch auf dem Planeten wurde es nicht ruhiger. Fast noch häufiger brach bald hier, bald dort ein Feuer aus, explodierte etwas, wurde geschossen, schon kann die UNO die Truppen zur Befriedung nicht mehr zusammenkratzen.

Auch ist der Kommunismus auf dem Territorium der früheren UdSSR noch lange nicht am Ende. In einigen Republiken haben sich auch seine Strukturformen vollständig erhalten, in allen halten sich Millionen kommunistischer Funktionäre bereit, und die keineswegs abgestorbenen Wurzeln des Kommunismus blieben im Bewußtsein und der Lebenshaltung der Menschen. Darüber hinaus sind in dem so lange gequälten Volkskörper neue üble Wunden aufgebrochen, z. B. finden wir bei dem beginnenden, ungezügelten und unproduktiven Kapitalismus wirklich widerliche Verhaltensweisen, eine Ausplünderung des Volkseigentums, wie sie auch der Westen nicht kannte. Infolgedessen erwachte in der Bevölkerung, die alldem unvorbereitet ausgesetzt ist, sogar die Sehnsucht nach der früheren »Gleichheit in Armut«.

Obwohl das irdische Ideal des Sozialismus-Kommunismus zusammengebrochen ist, blieben die Fragen offen, auf die er angeblich eine Antwort gab: die gewissenlose Ausnutzung sozialer Vorrechte und die übermäßige Macht des Geldes, die oft sogar den gesamten Lauf der Dinge steuert. Und wenn die der ganzen Welt erteilte Lektion des 20. Jahrhunderts nicht zur Immunisierung geführt hat, kann sich der ganze ausgedehnte rote Wirbel erneut wiederholen.

Der kalte Krieg ist vorüber, aber die Probleme der Gegenwart entpuppen sich als erheblich komplizierter als bisher in der zweidimensionalen politischen Ebene. Um so klarer liegt auch die schon länger bestehende Krise des Sinnes des Lebens zutage, das frühere, in den Atomjahrzehnten noch erweiterte geistige Vakuum. In der Epoche des Gleichgewichts der Atomangst wurde dieses Vakuum durch die Illusion einer kurzfristig erreichten Stabilität der Existenz notdürftig überdeckt. Jetzt aber ist die alte, unerbittliche Frage noch fordernder vor uns aufgetaucht. Wohin geht die Fahrt?

An der Grenze zum 21. Jahrhundert

Wie es sich doch trifft: wir nähern uns – ein Symbol – der Grenze eines Jahrhunderts, sogar eines Jahrtausends: Nur noch knapp acht Jahre trennen uns von dieser historischen Grenze. (Dank der gegenwärtigen Hektik verkündet man uns den Beginn des neuen Jahrhunderts schon um ein Jahr zu früh und wartet nicht auf das 2001. Jahr.)

Wer von uns möchte den feierlichen Übergang nicht jubelnd und voll überschäumender Hoffnungen begehen? Viele haben so das 20. Jahrhundert als das Jahrhundert der erhabenen Vernunft begrüßt, ohne die geringste Ahnung, was für menschenvernichtende Greuel uns erwarteten. Anscheinend hat nur Dostojewski – und das lange vor Beginn dieses Jahrhunderts – den bevorstehenden Totalitarismus vorausgesehen.

Während des 20. Jahrhunderts ist das ethische Verhalten der Menschheit nicht besser geworden. Vernichtungsaktionen betrafen immer größere Menschenmassen, die Kultur erfuhr einen schroffen Niedergang, und das Geistesleben verarmte. (Obwohl natürlich auch das 19. Jahrhundert seinen Teil dazu beigetragen hat.) Wieso sollten wir erwarten, daß das 21. Jahrhundert, das auch noch an allen Ecken und Enden mit jeglicher Art erstklassiger Waffen gespickt ist, für uns angenehmer werden sollte?

Dazu kommen noch die wachsenden Umweltschäden. Dann die Bevölkerungsexplosion. Und das gewaltige Problem der dritten Welt, die sehr verallgemeinernd und inadäquat immer noch so genannt wird. Sie bildet gegenwärtig vier Fünftel der Menschheit, bald werden es fünf Sechstel sein – und sie wird so zum wichtigsten Subjekt des 21. Jahrhunderts. In Unglück und Armut versinkend, wird sie zweifellos bald mit immer größeren Forderungen an die führenden Industriestaaten herantreten. (Solche Gedanken kursierten schon zur Zeit der Morgenröte des sowjetischen Kommunismus. Beispielsweise hat 1921, was kaum einer weiß, ein tatarischer Nationalist und Kommunist, Sultan Galijew, vorgeschlagen, eine Internationale der Kolonial- und Halbkolonialländer zu schaffen und deren Diktatur über die führenden Industriestaaten zu errichten.) Heute fällt es dem Westen schwer – und sei es auch nur wegen des wachsenden Ansturms von Flüchtlingen, der alle europäischen Grenzen durchbricht –, sich nicht als eine Festung zu empfinden: Noch lebt es sich darin sehr gut, aber sie ist belagert. Und in Zukunft? Infolge der anwachsenden ökologischen Krise können sich die Klimazonen verändern, es steht ein Mangel an Trinkwasser und an nutzbarem Boden bevor, dort, wo es früher beides gab – und das kann neue schreckliche Konflikte auf dem Planeten auslösen, Kriege um das Überleben.

Da kommt auf den Westen die Aufgabe zu, ein schwieriges Gleichgewicht zu wahren: einerseits die volle Achtung vor dem wertvollen Pluralismus der Kulturen der Welt und deren Suchen nach selbständigen sozialen Lösungen zu erhalten, andererseits aber auch nicht die Werte seiner eigenen mühsam und schwer erlangten, historisch einmaligen Stabilität eines von Gesetzen beschützten Lebens zu verlieren, das einem jeden Bürger Unabhängigkeit und Raum zur Selbstentfaltung gibt.

Selbstbeschränkung

Unablässig nähern wir uns dem Zeitpunkt, an dem es notwendig wird, uns Selbstbeschränkung in unseren Bedürfnissen aufzuerlegen. Ist es schwer, sich zur Selbstbescheidung und zu Opfern zu entschließen? Es ist schwer, und zwar deshalb, weil wir im persönlichen, gesellschaftlichen und staatlichen Leben schon vor langer Zeit den goldenen Schlüssel der Selbstbeschränkung auf den Meeresgrund versenkt haben. Selbstbeschränkung aber ist das erste und vernünftigste Handeln eines Menschen, der die Freiheit gewonnen hat. Sie ist auch der sicherste Weg, um Freiheit zu verwirklichen. Wir dürfen nicht abwarten, bis uns die äußeren Umstände bedrängen oder sogar umstoßen, wir müssen durch vorausschauende Selbstbeschränkung dem unausweichlichen Lauf der Dinge einen friedlichen Verlauf ermöglichen.

Die Beispiele, wie wir in unserem persönlichen Leben diesen Weg verlassen haben, sind nur unserem Gewissen und unseren nächsten Mitmenschen bekannt. Die Beispiele, wie die großen Institutionen – Parteien und Staaten – von diesem Weg abweichen, liegen allen offen zutage.

Wenn eine Konferenz der Völker der Erde zusammentritt, die angesichts der unzweifelbaren und nahen Gefahr für unsere ganze Natur und Atmosphäre höchst besorgt sind, setzt sich eine Großmacht, die über nicht viel weniger als die Hälfte der gegenwärtig genutzten Bodenschätze verfügt und die Hälfte der Weltverschmutzung verursacht, dafür ein, die Bestimmungen eines vernünftigen internationalen Abkommens zu verwässern, als ob sie nicht selber auf dieser Erde leben müsse. Andere Industriestaaten suchen nach Wegen, selbst diese gemilderten Bestimmungen noch zu umgehen. Auf diese Weise vergiften wir uns im Wirtschaftswettlauf selbst.

Beim Auseinanderbrechen der UdSSR in einzelne Republiken mit von Lenin künstlich gezogenen Grenzen gibt es auch widerliche Beispiele dafür, wie sich die neugeborenen Gebilde auf der Jagd nach übertriebenem staatlichem Ansehen so schnell wie möglich weiträumige, historisch und ethnisch fremde Gebiete einverleibten, wo Zehntausende, auch Millionen Menschen anderer Herkunft leben. Aus Mangel an Weitblick denken sie nicht an die Zukunft: Nie bringt die Beute dem Räuber Gutes.

Natürlich ergeben sich, wenn man das Prinzip der Selbstbeschränkung auf menschliche Gemeinschaften, auf Berufe, Parteien und ganze Staaten überträgt, mehr schwierige Fragen als fertige Antworten. Jegliche Beschlüsse über Opfer und Selbstbescheidung haben Auswirkungen auf Gruppen von Menschen, die dazu vielleicht nicht bereit und damit nicht einverstanden sind. (Sogar eine einfache persönliche Selbstbeschränkung von Verbrauchern, auf bestimmte Waren zu verzichten, wird sich irgendwie auf die Hersteller auswirken.)

Wenn wir uns nicht dazu erziehen, unseren Wünschen und Bedürfnissen harte Grenzen zu setzen, unsere Interessen den Kriterien der Ethik unterzuordnen, wird es uns, wird es die Menschheit einfach zermalmen. Die übelsten Seiten der menschlichen Natur werden hervorbrechen.

Eine Erkenntnis, die schon von verschiedenen Denkern formuliert wurde, sei hier mit den Worten eines russischen Philosophen des 20. Jahrhunderts, Nikolai Losski, wiedergegeben: »Wenn eine Person nicht auf überpersönliche Werte hin ausgerichtet ist, dann dringen in sie unvermeidlich Verderbnis und Zerfall ein.« – Oder, gestatten Sie mir eine persönliche Beobachtung anzuführen: Wahre geistige Befriedigung erhalten wir einzig und allein nicht vom Nehmen, sondern vom Verzicht auf das Nehmen. Von der Selbstbeschränkung.

Heute kommt sie uns absolut unannehmbar, einengend, sogar widerlich vor, weil wir ihrer im Laufe der Jahrhunderte entwöhnt wurden, während unsere Vorfahren daran zwangsläufig gewohnt waren: Sie hatten mit viel mehr äußeren Beschränkungen auszukommen, und ihnen lagen viel weniger Möglichkeiten offen. Die erstrangige Bedeutung der *Selbst*beschränkung hat sich in ihrer vollen Gewichtigkeit erst der Menschheit des 20. Jahrhunderts gezeigt. Aber sogar unter den vielfältigen Wechselbezügen, die unser heutiges Leben durchdringen, können wir nur durch Selbstbeschränkung, wenn auch gegen großen Widerstand, allmählich unser wirtschaftliches und unser politisches Leben gesunden lassen.

Heute werden nicht viele dieses Prinzip für sich willig akzeptieren. Dennoch: Sich unter den komplizierter werdenden Umständen unserer Gegenwart selber zu beschränken, ist der einzig wahre, rettende Weg – für uns alle.

Er hilft uns auch, das Bewußtsein wiederzuerlangen, daß über uns der Eine, Allumfassende und Höchste ist – und ein ganz verlorenes Empfinden – die Demut vor IHM.

Fortschritt? Gültig kann nur ein einziger sein: die Summe der geistigen Fortschritte der einzelnen Menschen. Der Grad der Selbstvervollkommnung auf ihrem Lebensweg.

Vor kurzem noch hat man uns mit dem naiven Märchen vom glücklichen »Ende der Geschichte«, das eingetreten sei, fröhlich unterhalten, dem üppigen Triumph alles umfassender demokratischer Seligkeit, als ob damit die Endform der Weltordnung erreicht sei.

Aber wir alle sehen und empfinden, daß etwas ganz anderes naht – und wahrscheinlich rauhe Zeiten. Nein, es sieht nicht danach aus, daß Ruhe auf unserem Planeten eintreten wird, und sie wird uns auch nicht so leicht geschenkt werden.

Dennoch sind die leidvollen Erfahrungen des 20. Jahrhunderts für uns alle nicht sinnlos geblieben. Wir müssen hoffen: Auch wir kämpfen uns durch zur Standfestigkeit, und diese Beharrlichkeit wird irgendwie von Generation zu Generation weitergegeben.

Ansprache anläßlich der Enthüllung des Denkmals für die Opfer des Aufstands in der Vendée am 25. September 1993

Herr Präsident des Conseil général der Vendée!
Liebe Bewohner der Vendée!

Zwei Drittel unseres Jahrhunderts sind vergangen, seit ich als kleiner Junge voller Begeisterung in Büchern vom tapferen und verzweifelten Aufstand in der Vendée gelesen habe – doch nie wäre es mir auch nur im Traum eingefallen, daß ich im Alter die Ehre haben würde, selbst an der Enthüllung eines Denkmals für die Helden und Opfer jenes Aufstandes teilzunehmen.

Bereits zwanzig Jahrzehnte sind seitdem vergangen. In den verschiedenen Ländern waren es recht verschiedene Jahrzehnte, und nicht nur in Frankreich hat man den Aufstand in der Vendée und seine blutige Unterdrückung neu und dann noch einmal neu gesehen. Ja, alle Ereignisse der Geschichte werden in der Hitze der leidenschaftlichen Gegenwart nie in vollem Umfang verstanden, sondern erst im großen Abstand der abkühlenden Zeit. Lange hatte man nicht hören und anerkennen wollen, was der *Schrei* der Sterbenden und sogar lebendig Verbrannten verkündete: daß die Bauern dieser sich von ihrer Hände Arbeit ernährenden Region, für die angeblich die Revolution gemacht wurde, gerade durch diese an den Rand schlimmster Unterdrückung und Erniedrigung gebracht worden waren und sich gegen sie erhoben!

Daß jede Revolution bei den Menschen die Instinkte atavistischer Barbarei, die finsteren Elemente des Neids, der Gier und des Hasses freilegt – das war auch den Zeitgenossen allzu offensichtlich. Schrecklich genug bekamen sie die Massenpsychose zu spüren, als es bereits für ein Verbrechen gehalten wurde, wenn man sich *maßvoll* verhielt oder auch nur einen solchen Eindruck machte. Doch besonders das 20. Jahrhundert hat mehr und immer mehr jene romantische Aureole der Revolutionen in den

Augen der Menschen verblassen lassen, die sie noch im 18. Jahrhundert leuchtend umgab. Aus dem Abstand halber und ganzer Jahrhunderte kam den Menschen zunehmend aus eigenem Erleiden zu Bewußtsein, daß Revolutionen das Organische einer Gesellschaft einstürzen lassen; daß sie das Natürliche des Lebens zersetzen; daß sie die besten Elemente der Bevölkerung vernichten und den übelsten freie Bahn geben; daß eine Revolution kein Land – nur ein paar gewissenlose Gauner – reicher machen kann, daß sie ihrem Land als Ganzem massenhaftes Sterben, umfassende Verarmung und in den schlimmsten Fällen langandauernde moralische Entartung des Volkes bringt.

Das Wort »Revolution« selbst, das vom lateinischen »revolvere« herkommt, bedeutet »zurückrollen«, »zurückwälzen«, »erneut versuchen«, »erneut entflammen«, im besten Falle »umwälzen«. Eine Bedeutungsliste, die kaum Begeisterung auslöst. Wenn man heute irgendeiner Revolution in der Welt das Attribut »die große« beifügt, so geschieht das mit großer Vorsicht, nicht selten aber mit großer Bitterkeit.

Jetzt begreifen wir immer mehr, daß der von uns so leidenschaftlich gewünschte soziale Effekt mit erheblich geringeren Verlusten und ohne eine massenhafte Verrohung durch eine normale Evolution erreicht werden kann. Wir müssen es schaffen, geduldig das zu verbessern, was wir in jedem »Heute« besitzen.

Müßig wäre es, darauf zu hoffen, daß eine Revolution die menschliche Natur zum Besseren wandeln könnte – aber Ihre Revolution und vor allem unsere, die russische, haben darauf ihre großen Hoffnungen gesetzt. Die Französische Revolution verlief im Namen der in sich widersprüchlichen und nicht realisierbaren Losung »Freiheit, Gleichheit, Brüderlichkeit«. Doch im gesellschaftlichen Leben schließen Freiheit und Gleichheit einander aus, stehen sich feindlich gegenüber: denn Freiheit zerstört soziale Gleichheit, eben darin liegt ja die Freiheit, Gleichheit aber unterdrückt die Freiheit, sonst läßt sie sich nicht erreichen. Brüderlichkeit stammt überhaupt nicht aus dieser Familie, das ist nur ein schwungvolles Anhängsel zu der Losung: Wahre Brüderlichkeit läßt sich nicht mit sozialen Mitteln, sondern nur mit geistigen erreichen. Dann aber fügte man dieser dreiteiligen Losung noch drohend hinzu: »oder Tod!«, was schon den ganzen Sinn der Losung zunichte machte.

Keinem Land wünsche ich jemals eine »große Revolution«. Die Revolution des 18. Jahrhunderts hat Frankreich nur deshalb nicht zugrunde gerichtet, weil es den Thermidor hatte. In der russischen Revolution aber gab es keinen Einhalt gebietenden Thermidor, und sie hat unser Volk unaufhaltsam bis ans Ende getrieben, bis in den Abgrund, bis in den Strudel des Untergangs.

Es tut mir leid, daß hier heute keine Redner sind, die etwas über ihre Erfahrungen in China, Kambodscha und Vietnam hinzufügen würden – welchen Preis die Menschen dort für die Revolutionen gezahlt haben.

Eigentlich hätte die Erfahrung der Französischen Revolution ausreichen müssen, daß unsere russischen Rationalisten, die Baumeister des »Glückes des Volkes«, ihre Lehren daraus gezogen hätten. Doch nein! – In Rußland ereignete sich das alles in noch schlimmerer Weise und in unvergleichlich größerem Ausmaß. Viele grausame Praktiken der Französischen Revolution wurden von Lenins Kommunisten, von den International-Sozialisten, schülerhaft am Körper Rußlands wiederholt. Nur mit ihrem Organisationsgrad und ihrer Konsequenz übertrafen sie die Jakobiner ganz erheblich.

Wir hatten keinen Thermidor, aber ein Vendée hat es auch bei uns gegeben, sogar nicht nur eines, darauf können wir aus tiefster Seele stolz sein. Das waren die großen Bauernaufstände in Tambow 1920–21 und in Westsibirien 1921. Da geschah einmal folgendes: Eine größere Menge Bauern zog in Bastschuhen mit Knüppeln und Heugabeln unter dem Glockengeläut der umliegenden Dörfer auf Tambow zu. Man hat sie einfach mit Maschinengewehren niedergemäht. Der Tambower Aufstand dauerte elf Monate, obwohl die Kommunisten ihn mit Panzern, Panzerzügen und Flugzeugen bekämpften, die Familien der Aufständischen als Geiseln nahmen und bereits Giftgas zum Einsatz vorbereiteten. Ferner gab es noch den hartnäckigen Widerstand der Kosaken gegen den Bolschewismus im Ural, am Don, Kuban und Terek, der im Blut erstickt wurde – ein Genozid.

Heute nun, bei der Enthüllung des Denkmals für Ihren heldenhaften Aufstand in der Vendée, habe ich noch etwas anderes vor meinen Augen: In Gedanken sehe ich die Denkmäler, die man eines Tages auch in Rußland errichten wird, als Zeichen für unseren russischen Widerstand gegen die Walze des unmenschlichen Kommunismus.

Sie und wir alle haben das zwanzigste, durchweg terroristische Jahrhundert durchlebt, die erschreckende Krönung jenes »Fortschritts«, von dem man so gern im achtzehnten Jahrhundert träumte. Immer mehr Franzosen werden nun, so glaube ich, mit wachsendem Verständnis und Stolz den selbstlosen Widerstand in der Vendée nicht vergessen und schätzen lernen.

Dankesrede anläßlich der Verleihung der Literatur-Ehrenmedaille durch den National Arts Club in New York am 19. Januar 1993

Seit langem gilt in der Kunst die Erkenntnis: »Le style est l'homme.« Das heißt, wenn wir es mit einem Musiker, Schauspieler oder Schriftsteller von genügend hohem künstlerischen Niveau zu tun haben, sind alle seine Werke von einer einmaligen Verbindung seiner Persönlichkeit, seiner schöpferischen Fähigkeiten und seiner Lebenserfahrung – der persönlichen und darüber hinaus der seiner Nation – geprägt. Da sich eine derartige Verbindung nicht wiederholt, besitzt Kunst – ich werde hier darunter vor allem Literatur verstehen – eine endlose Vielfalt sowohl durch die Jahrhunderte hindurch als auch bei den verschiedenen Völkern. Gottes Plan ist so, daß es keine Grenzen für das Auftreten immer neuer erstaunlicher schöpferischer Menschen gibt – jedoch schmälert keiner in irgendeiner Weise auch nur ein bißchen das, was seine großen Vorfahren geschaffen haben, auch wenn fünfhundert oder zweitausend Jahre vergangen sind. Nie sind uns die Wege zu immer neuer Frische versperrt – doch das nimmt unserer dankbaren Erinnerung nicht all das Frühere.

Kein neues Werk entsteht – bewußt oder unbewußt – ohne organischen Anschluß an das vorher Geschaffene. Indessen: Ein gesunder Konservatismus muß wie im Schaffen selbst so auch in der Rezeption nachgiebig sein, gleichermaßen sensibel gegenüber dem Alten wie dem Neuen, gegenüber der geachteten, bewährten Tradition und jener Freiheit des Suchens, ohne die Künftiges nicht geboren wird. Allerdings darf ein Künstler auch nicht vergessen, daß die künstlerische *Freiheit* eine gefährliche Kategorie ist. Je weniger Beschränkungen er selbst seinem Schaffen auferlegt, desto geringer werden auch die Möglichkeiten seines künstlerischen Erfolges sein. Der Verlust der verantwortlichen organisierenden Kraft schmälert und zerstört sowohl die Struktur als auch die Idee und natürlich den Wert eines Werks.

Jede Epoche ist auch in jeder Kunstform in vielem den großen Künstlern verpflichtet, die in mühevollem Suchen fruchtbar neues Gedankengut und neue Rhythmen freilegen. Aber in unserem 20. Jahrhundert ist das notwendige Gleichgewicht in der Beziehung zwischen der Tradition und dem Suchen des Neuen mehr als einmal kraß durch eine falsch verstandene »Avantgarde« verletzt worden, durch einen lauten, ungeduldigen »Avantgardismus« um jeden Preis. So eine Avantgarde begann ihr Werk schon vor dem Ersten Weltkrieg mit der Zerstörung der allgemein akzeptierten Kunst – ihrer Formen, Sprache, Kennzeichen, Eigenschaften – in einem Drang, eine Art »Superkunst« zu schaffen, die angeblich unmittelbar auch das neue Leben selbst schaffen würde. In der Literatur hieß es auch, daß man sie nun »vom reinen Blatt Papier neu beginnen müsse«. (Manch einer blieb dabei auch fast schon stecken.) Zerstörung wurde zur Apotheose dieses Sturm laufenden Avantgardismus: Laßt uns die ganze vorangegangene jahrhundertealte Kulturtradition zerstören, mit einem kühnen Sprung die natürliche Entwicklung der Kunst zerbrechen und zerstören. Das hofften sie mit einer inhaltslosen Jagd nach dem Neuen in der Form als Hauptziel zu erreichen – wobei die Anforderungen an das handwerkliche Können bis zur Schluderei und Primitivität gesenkt wurden –, ja gelegentlich auch in Verbindung mit Unklarheit im geistigen Gehalt, bis zu einer transmentalen, nur noch aus Klang bestehenden Sprache.

Dieses aggressive stürmische Vorgehen könnte man noch ehrgeizigen Ambitionen zuordnen, wenn es nicht in Rußland – ich bitte um Entschuldigung, daß ich mehr von Rußland reden werde, aber heutzutage darf man die schwere und tiefgreifende russische Erfahrung nicht umgehen –, wenn es nicht in Rußland durch seine Eigenart und durch seine Techniken die *physische* Revolution des 20. Jahrhunderts vorweggenommen und angekündigt hätte, die mit ihren entsetzlichen Zerstörungen bald darauf eintrat. Ehe die grauenhafte Revolution auf den Straßen Petrograds explodierte, war sie in den Literatur- und Kunstzeitschriften der Petrograder Bohème explodiert. Dort war es, wo wir erstmals den Fluch und den Ruf der Zerstörung des ganzen bisherigen russischen und europäischen Lebensstils hörten, die Forderung, alle moralischen Gesetze und Religionen abzuschaffen, den Aufruf, die gesamte vorangegangene traditionelle Kultur wegzufegen, zu verdammen und zu zertreten – verbunden mit der Selbstverherrlichung der fanatischen Neuerer, die allerdings noch nicht Zeit gefunden hatten, irgend etwas von Wert zu schaffen. Unter den Forderungen tönte es wortwörtlich: Laßt zur Zerstörung all dieser Racines, Murillos und Raffaels »die Kugeln an die Wände der Museen prasseln«, »schmeißt über Bord des Schiffs der Gegenwart« all die Klassiker der russischen Literatur. Die ganze Kulturgeschichte sollte jetzt neu anfangen. Der Schrei hieß »Vorwärts! Vorwärts«. Sich selbst bezeichneten sie bereits als »Futuristen«, die gleichsam über ihre Gegenwart hinweggeschritten waren und uns nun mit der keinen Zweifel zulassenden Kunst der Zukunft beschenkten.

Doch kaum tobte die Revolution durch die Straßen, da wechselten diese »Futuristen«, die noch kürzlich in ihrem Manifest »Eine Ohrfeige dem öffentlichen Geschmack« zu »einem unüberwindbaren Haß gegen die bisher herrschende Sprache« aufgerufen hatten, da wechselten diese Futuristen ihre Bezeichnung in »Linke Front« und paßten sich gleich direkt politisch der Revolution an ihrer äußersten linken Flanke an. Damit wurde klar, daß das frühere Aufbegehren der Avantgarde nicht einfach literarischer Schaum gewesen war, sondern daß es eine reale Fortsetzung im Leben hatte und darauf ausgerichtet war, nicht nur die ganze Kultur, sondern auch das Leben selbst zu erschüttern. Die Kommunisten aber, die zu uneingeschränkter Macht gelangt waren, deren Kampfruf auch lautete, laßt uns die ganze bestehende Welt »bis auf den Grund zerstören« und statt dessen mit uneingeschränkter Gewalt eine »ungeahnt schöne Welt« aufbauen, diese Kommunisten öffneten dieser Horde der »Avantgarde« nicht nur Tür und Tor für umfassende Möglichkeiten, vor die Öffentlichkeit zu treten und Popularität zu erlangen, sondern gewährten sogar einigen – als ihren verläßlichen Verbündeten – administrative Macht im Bereich der Kultur.

Allerdings dauerte die stürmische Blüte dieser Pseudo-Avantgarde und ihre Macht im Kulturbetrieb nicht lange: Danach setzte die alles erfassende Ohnmacht der Kultur ein. Wir trotteten in der UdSSR mit hängenden Köpfen durch eine siebzigjährige Eiszeit, unter deren Deckschicht nur insgeheim einige große Dichter und Schriftsteller ihr wahres Leben lebten, von denen man bis vor kurzem fast nichts im eigenen Lande, geschweige denn in der Welt wußte. Mit der Verknöcherung des sowjetischen Totalitarismus verknöcherte auch seine aufgeblasene Pseudokultur in dem widerlichen Schaugepränge des sogenannten »Sozialistischen Realismus«. Nicht wenige Übereifrige fanden sich bereit, wissenschaftliche Untersuchungen über sein Wesen und seine angebliche Bedeutung zu verfassen – ich hätte keine einzige geschrieben, denn er ist ein Phänomen außerhalb der Kunst, es gab ja nicht einmal das *Objekt*, einen Stil des »sozialistischen Realismus«, sondern nur den jedem Laienblick offensichtlichen primitiven Opportunismus: den Stil »was beliebt?« oder »schreib, wie die Partei es befiehlt«. Worüber soll man sich da wissenschaftlich ergehen?

Wir haben indessen die siebzig todbringenden Jahre unter dem gußeisernen Panzer des Kommunismus durchgestanden und sind nun dabei, viertellebendig unter ihm hervorzukriechen. Es ist zweifellos eine neue Epoche angebrochen – sowohl für Rußland als auch für die ganze Welt. Rußland ist bis auf den Grund zerstört und vergiftet, das Volk durchlebt eine niegesehene moralische Erniedrigung, und es droht auch physisch und sogar biologisch zugrunde zu gehen. Bei einem derartigen Zustand eines Volkes, der unvermittelten offensichtlichen Freilegung der über lange Zeit hinweg erlittenen und noch schwärenden Wunden ist für die Literatur eine Pause nur natürlich. Tiefgehende Stimmen einer nationalen Literatur bedürfen der Zeit, ehe sie erneut ertönen.

Allein es fanden sich auch Schriftsteller, die den Hauptwert der nun ermöglichten zensurfreien künstlerischen Tätigkeit, ihrer jetzt von niemandem eingegrenzten Freiheit in einem uneingeschränkten »Sich-selbst-Ausdrücken« entdeckten und sich damit zufriedengeben: einfach die eigene Sicht auf die Welt ringsum *auszudrücken*, oft ohne Gespür für die heutigen Krankheiten und Geschwüre und mit offenkundiger seelischer Hohlheit, dies alles auszudrücken, ohne Verantwortung vor dem moralischen Empfinden des Volkes und besonders der Jugend, bisweilen auch unter massenweiser Einbeziehung obszöner Flüche, die jahrhundertelang in gedruckter Form undenkbar waren, jetzt aber schier zur Eintrittskarte in die Literatur geworden sind.

Die Wirrnis in den Köpfen läßt sich nach siebzigjähriger totaler Unterdrückung durchaus verstehen: Die künstlerische Sicht der jungen Generationen offenbart sich in Betroffenheit, Erniedrigung, Gekränktsein, Ohnmacht. Nachdem sie früher nicht die Kraft in sich gefunden hatten, der sowjetischen Dogmatik wirklichen Widerstand zu leisten und sie zu widerlegen, geben sich jetzt viele junge Schriftsteller dem leichter zugängigen Weg eines pessimistischen Relativismus hin: Die kommunistische Lehre war eine große Lüge, gewiß, doch es gibt ja überhaupt keine gültigen Wahrheiten, folglich lohnt es sich auch nicht, danach zu suchen; es ist auch nicht der Mühe wert, zu einem höheren Sinn vordringen zu wollen.

So wird die klassische russische Literatur mit einer abwehrenden Geste voller Verärgerung als unnütz verworfen, jene Literatur, die nie die Wirklichkeit leugnete und nach der Wahrheit suchte. In der Verunglimpfung der Vergangenheit wähnt man eine Bewegung nach vorn. So ist es im heutigen Rußland wieder Mode geworden, die große russische Literatur, die sich ganz auf der Liebe zu den Menschen und dem Mitgefühl mit den Leidenden gründete, zu verspotten, sie abzulehnen, sie über Bord zu werfen und, um sich dieses Verwerfen zu erleichtern, den leblosen, lakaienhaften »Sozrealismus« als organische Fortsetzung der kraftvollen russischen Literatur zu bezeichnen.

Auf diese Weise wiederholt sich an verschiedenen historischen Schwellen immer und immer wieder diese gefährliche kulturfeindliche Erscheinung des Verwerfens und der Verachtung der ganzen vorangegangenen Tradition, die Feindseligkeit gegenüber den als allgemeingültig anerkannten Prinzipien. Damals

brach unter Fanfarenklängen und bunten Fahnen der »Futurismus« über uns herein, heute wird der Begriff »Postmoderne«
angewendet. (Was man auch immer für einen Sinn in diesen Begriff legen will, so ist doch schon die Wortverbindung unsinnig:
Sie erhebt gleichsam den Anspruch auszudrücken, was der
Mensch *nach* derjenigen Gegenwart empfinden und denken
kann, in der ihm zu leben bestimmt ist.)

Für den Postmodernen gibt es in der Welt keine realen Werte.
Es gibt sogar den Ausdruck »die Welt als Text« – als etwas Se-
kundäres, als Text eines Werkes, das der Autor schafft, und das
größte Interesse richtet der Autor auf sich selbst im Verhältnis zu
seinem Werk, auf sein Reflektieren. Kultur soll ein in sich geschlossenes System darstellen (daher sind diese Werke bis zur
Geschmacklosigkeit überfüllt mit Reminiszenzen), sie allein sei
eine lohnende Realität. Daher hat auch das Spiel eine erhöhte
Bedeutung gewonnen – doch nicht das Mozartsche Spiel eines
freudig überquellenden Universums, sondern das gekünstelte
Spiel auf der Leere, wobei der Künstler bei diesen Spielen niemandem gegenüber eine Verantwortung trägt. Der Verzicht auf
jegliche Ideale wird als Tugend angesehen. Und in dieser freiwilligen Selbstverblendung dünkt sich die »Postmoderne« die Krönung der gesamten vorangegangenen Kultur, ihr Endglied zu
sein. (Eine übereilte Hoffnung, denn da hören wir doch schon
von der Geburt des »Konzeptualismus«; vorläufig hat dieser Begriff noch keine überzeugende Erklärung in seiner Anwendung
auf *Kunst*werke gefunden, doch man sucht auch danach, aber es
gibt schon die *Postavantgarde*, und wir werden uns nicht wundern, wenn eine Postpostmoderne oder ein Postfuturismus auf-
tauchen sollte.) Man könnte Mitleid mit solchem Suchen haben,
so wie man mit den Schmerzen eines Kranken Mitleid hat. Schon
durch ihre theoretischen Prämissen haben sich diese Wege zu
etwas Sekundärem, ja Drittrangigem verdammt, zur Aussichts-
losigkeit in bezug auf irgendeine Zukunft.

Doch lenken wir unsere Aufmerksamkeit auf einen anderen,
komplizierteren Prozeß. Obwohl das schlimmere und entmuti-
gendere Los im 20. Jahrhundert den Völkern unter kommunisti-

schen Regimen zufiel, ist aus einer weiteren Perspektive unser ganzes Jahrhundert als moralisch krank anzusehen, und diese moralische Krankheit mußte zwangsläufig ihren Niederschlag überall auch in einer Krankheit der Kunst finden. So ist, wenngleich aus anderen Gründen, doch eine ähnliche »postmoderne« Verunsicherung vor der Welt auch im Westen entstanden.

Leider sind in einer Zeit eines nie dagewesenen Anstiegs des zivilisatorischen Wohlstands und bei einem immer angenehmeren Verlauf des physischen Lebens auch im Westen die hohen ethischen Maßstäbe verwässert und ins Dunkle abgeglitten. Die geistige Achse des Lebens dieser Welt ist ins Dunkel geraten, und in den Augen mancher verlorener Künstler scheint diese Welt nur noch sinnlos zu sein, ein ungefüger Trümmerhaufen.

Ja, die Weltkultur befindet sich heute natürlich in einer Krise, und zwar in einer tiefen. Die neuesten Richtungen der Kunst glauben, sie könnten diese Krise auf dem Holzpferd »der Kunstgriffe des Spiels« überspringen: Man erfindet, meinen sie, raffinierte, neue, gängige Kunstgriffe – und schon ist keine Spur mehr von der Krise da. Fehlspekulationen: Unter Mißachtung der geistigen Grundlagen und mit einem Relativismus der Begriffe und der Kultur selbst läßt sich nichts von Wert schaffen. Hier zeichnet sich etwas Größeres ab als nur ein Phänomen im Bereich der Kunst, doch nicht in lichten, sondern in dunkelroten Farbtönen.

Bei näherer Betrachtung können wir feststellen, daß hinter diesen weitverbreiteten und anscheinend harmlosen Versuchen, die Tradition als »veraltet« zu verwerfen, in der Tiefe eine feindliche Haltung gegenüber jeglicher Geistigkeit liegt. Daß hinter diesem unermüdlichen Kult des ewig Neuen – nicht unbedingt Guten, nicht unbedingt Reinen, doch unbedingt Neuen, Neuen, Neuen! – ein hartnäckiger, schon lange andauernder Drang verborgen ist, zu zersetzen, alle ethischen Gebote zu verspotten und zu verwerfen: Es gibt keinen Gott, es gibt keine Wahrheit, das Weltall ist ein Chaos, in der Welt ist alles relativ, die »Welt als Text«, die zu schaffen sich jeder Postmoderne zutraut – all das ist laut, aber einfach hilflos.

Schon einige Jahrzehnte lang gibt es in der Literatur, Musik,

Malerei und Skulptur der Welt eine hartnäckige Tendenz – nicht empor, sondern hinab, nicht zu den höchsten Errungenschaften des menschlichen Geistes und Könnens, sondern zu ihrer Zersetzung in diesem »Neuen« mit seiner Zerrissenheit und seinem Falsch. Zum Schmuck öffentlicher Plätze werden Skulpturen aufgestellt, die Häßlichkeit direkt ästhetisieren, doch wir wundern uns schon nicht mehr darüber. Wenn aber Bewohner anderer Planeten unsere heutige Musik aus dem Äther empfangen würden, wie sollten sie dann auf den Gedanken kommen, daß diese Erdbewohner einmal einen Bach, Beethoven und Schubert hatten, die sie nun als veraltet ablehnen?

Wenn wir, die Kunstschaffenden, uns widerstandslos diesem Abwärtstrend überlassen, wenn wir aufhören, die große kulturelle Tradition der vorangegangenen Jahrhunderte und deren geistige Grundlagen, aus denen sie erwachsen ist, zu würdigen und zu achten, dann tragen wir zu dem höchst gefährlichen Verfall des menschlichen Geistes auf der Erde bei, zur Entartung der Menschheit in einen niederen Zustand, der der Tierwelt nahe ist.

Allein, ich kann nicht glauben, daß wir es so weit kommen lassen. Sogar in dem schwerkranken Rußland warten wir voll Hoffnung – nach einer Phase der Ohnmacht und des Schweigens – auf den belebenden Atem der russischen Literatur und danach auch auf das Auftreten frischer Kräfte unserer jüngeren Brüder.

Rußland am Vorabend der Wahlen 1993

Interview vom 21. 10. 1993 mit dem
Korrespondenten des russischen Fernsehens
»Ostankino« Wladimir Kondratjew

KONDRATJEW: Alexander Issajewitsch, heute ist der letzte Tag Ihres Aufenthalts in Europa. Sie nehmen gleichsam von Europa Abschied und haben in diesen Tagen den europäischen Massenmedien viele Interviews gegeben. Sie sind für diese einer der meistgewünschten Gäste als Gesprächspartner bei der Beurteilung der gegenwärtigen Vorgänge in Rußland. Um so mehr kann man sich den Wunsch der russischen TV-Zuschauer vorstellen, erstmals von Ihnen unmittelbar zu hören, was Sie über die Ereignisse vom Anfang Oktober in Moskau denken.

SOLSCHENIZYN: Die Ereignisse vom 3.–4. Oktober sind eine völlig unvermeidliche und gesetzmäßige Etappe auf unserem qualvollen und langjährigen Weg der Befreiung vom Kommunismus. Diese Ereignisse hätten früher und erheblich harmloser verlaufen können, aber die Befreiung vom Kommunismus ist in jedem Fall langwierig, und uns stehen noch große Anstrengungen bevor, denn der Kommunismus ist tief in unser Bewußtsein eingedrungen, in die Menschen und in das ganze System. Nach den Ereignissen vom 3.–4. Oktober kann man nur die schwache Hoffnung ausdrücken, daß unser Volk jetzt vielleicht wenigstens ein bißchen besser leben kann.

KONDRATJEW: Doch auch jetzt erhebt sich die Frage, wie es weitergehen soll. Es stehen die Wahlen zur Staatsduma bevor, zu dem neuen Parlament. Es steht die Annahme einer neuen Verfassung bevor. Wie lassen sich Ihrer Ansicht nach diese Aufgaben lösen?

SOLSCHENIZYN: In meinem Manifest »Rußlands Weg aus der Krise«, das unterdrückt und nicht rechtzeitig zur Diskussion zugelassen wurde, habe ich schon vor drei Jahren dazu Stellung genommen. Unter Berücksichtigung der Erfahrungen, die das alte Rußland gemacht hat, habe ich geschrieben, daß die Listenwahl ein äußerst trügerisches Verfahren darstellt. Bei einer Listenwahl kauft der Wähler die Katze im Sack. Er weiß nicht, für wen er stimmt; er stimmt für eine Liste, eine vielleicht noch nicht ausgereifte Partei mit einem noch unklaren Programm, dann aber erklären die zentralen Führer dieser Partei: Von Ihrem Bezirk ist der Soundso gewählt worden, er wird der beste Anwalt Ihrer Interessen sein. Nein, das wird er nicht sein! Richtig wählen heißt, konkrete Personen wählen, lebendige Menschen, die man kennt oder an die man glaubt. Man mag sich geirrt haben, aber man hat geglaubt, daß sie ehrlich seien, daß für sie das wichtigste nicht die eigene Karriere, nicht die eigene Tasche sei, sondern das Wohl der Heimat und das Wohl des Volkes. Nur solche Wahlen sind wirklich effektiv.

Zweitens halte ich im Augenblick den Beschluß für außerordentlich gefährlich und falsch, das neue Parlament für fünf Jahre zu wählen. Wir hatten noch keine echten Wahlen. Wir haben noch keine Erfahrung, die Wähler haben noch keine Erfahrung darin, wie man sich über Kandidaten eine Meinung bildet. Die Abgeordneten haben ihrerseits keine Erfahrung und keine praktische Gelegenheit gehabt zu beweisen, daß sie für die Aufgabe geeignet sind. Wir können uns einen derartigen »Obersten Sowjet« aufhalsen, daß wir später nicht wissen, wie wir ihn wieder loswerden sollen. So wie den jetzigen. In keinem Falle sollten wir das neue Parlament für mehr als zwei Jahre wählen. In zwei Jahren werden die Abgeordneten sich selbst und den Wählern ihre Fähigkeit bewiesen haben, dann werden die Wähler eine festere Meinung haben, und wir werden ein würdigeres Parlament wählen. Der Weg aus dem Kommunismus muß Schritt für Schritt gegangen werden, in Form von konsequenten Annäherungen: Mit einem Ruck kann man da nichts erreichen.

KONDRATJEW: Alexander Issajewitsch, aber auch in anderen, wie man heute sagt, zivilisierten Ländern gibt es das Verfahren der Listenwahl. Bei uns wird die Hälfte der Abgeordneten nach Parteilisten, die andere Hälfte von den verschiedenen Wahlkreisen gewählt werden.

SOLSCHENIZYN: Man muß nicht glauben, daß im Westen die

demokratischen Methoden überall vollkommen seien. Eine Listenwahl drückt die Meinung der Wähler überall gleichermaßen trügerisch und gleichermaßen ungenau aus, in welchem Land sie auch stattfindet. Bei uns aber ist die Registrierung eines persönlichen Kandidaten erschwert. Dabei müßte sie erleichtert werden, damit die Menschen sich leichter aufstellen lassen könnten und damit die Menschen des jeweiligen Wahlkreises, denen das Wohl dieses Bereichs tatsächlich am Herzen liegt, mit ihren Wählern leichter Kontakt aufnehmen könnten, als das irgendeine Partei vom Zentrum aus kann, die dann später ihre Kandidaten bestimmt.

KONDRATJEW: Alexander Issajewitsch, in letzter Zeit hört man oft den Gedanken, das Schicksal Rußlands hänge von den Teilgebieten ab. Teilen Sie diesen Standpunkt?

SOLSCHENIZYN: Voll und ganz. Ich vertrete ihn ohne Einschränkung. In diesem Zusammenhang möchte ich mich grundsätzlich zu der sogenannten Russischen Föderation äußern. Was ist eine Föderation? Eine Föderation ist historisch gesehen ein freiwilliger Zusammenschluß staatlicher Gebilde oder solcher mit Ansätzen zur Staatlichkeit, zur Selbstverwaltung, es ist eine Vereinigung mit dem Ziel, stärker, mächtiger zu werden, da die Teilgebiete für sich nicht existieren können. Wir haben ein klassisches Beispiel: die Schweiz als Vereinigung von Kantonen. Sie hat sich als erstaunlich stabil erwiesen. Dann die Vereinigten Staaten – der Zusammenschluß der ehemaligen englischen Kolonien –, sie haben sich auch als erstaunlich stabil erwiesen. Sodann – in etwas anderer Form – die Wiedervereinigung Deutschlands. Die Bezeichnung lautet ja auch »Bundesrepublik Deutschland«. Rußland ist zwar ein Vielvölkerstaat, war aber niemals eine Föderation, war kein Staatenbund. Rußland ist nicht durch eine derartige Vereinigung selbständiger staatlicher Gebilde entstanden. In Rußland gab es eine administrativ-territoriale Gliederung. Lenin wählte demagogisch unverzüglich die Bezeichnung RSFSR, Russische Föderation. Er legte die autonomen Republiken nach dem Prinzip fest: Wo eine nationale Minderheit vorhanden ist, wird eine autonome Republik eingerichtet, auch wenn dort die Russen die Mehrheit hatten. In den meisten Fällen war es so.

Bis 1991 hatte das keinerlei Bedeutung. Denn überall herrschte die Kommunistische Partei, und all das war ein aufgeblasenes, falsches Aushängeschild. Aber ab 1991 gewann es eine enorme und für die Staatlichkeit als Ganzes vielleicht zerstörerische Bedeutung. Während der letzten zwanzig Jahre, noch in der Sowjetunion und dann im Westen, mußte ich mich immer wieder einmal für den Erhalt von Nationen einsetzen, für nationale Eigenheit. Nationen – das sind keine von Menschenhand geschaffenen Gebilde. Nationen hat sich kein Mensch ausgedacht, so wie Parteien oder Gewerkschaften. Nationen – das sind die Farbtöne der Menschheit. Gegenwärtig gibt es im Westen eine Bewegung mit dem Ziel, die Unterschiede zwischen den Nationen zu verwischen, das Leben auf der Welt zu standardisieren. Das bedeutet den Tod. Wir müssen jede noch so kleine Nation hüten, ihre Kultur, ihr Bewußtsein hüten. Aber das heißt nicht, wir müßten einer kleinen Nation das Recht verleihen, in einem Gebiet die Führung zu übernehmen und die Richtung zu bestimmen, wo sie nicht die Mehrheit bildet. Das Prinzip muß sein: Jede Nation soll nur das Territorium kontrollieren, wo sie die solide, die offensichtliche Mehrheit bildet.

Da gibt es den Artikel 74 des Strafgesetzbuches. Diesem zufolge wird eine direkte oder indirekte Einschränkung der Rechte oder die Einführung direkter oder indirekter Privilegien von Bürgern aufgrund ihrer rassischen oder nationalen Zugehörigkeit bestraft. Da ist klar formuliert, daß alle Privilegien, sogar die aufgrund territorialer Gegebenheiten beanspruchten, bereits ein Verbrechen darstellen. Doch so wie sich unsere heutigen autonomen Gebiete seit 1991 verhalten, gelten in ihnen Verstöße gegen Artikel 74 nicht als Verbrechen, sondern triumphieren als offene Politik.

Ich bin der Ansicht, daß die neue Konstitution unbedingt das künstliche Leninsche Gebilde der autonomen Republiken aufgeben muß, die ihren Namen nach Nationalitäten tragen, die in ihnen eine Minderheit bilden, manchmal sogar eine lächerlich kleine Minderheit. Es gibt nur wenige autonome Gebiete, die tatsächlich ihre Nation repräsentieren – das sind Tschetschenien, Dagestan und Tuwa. Da ist es unbestreitbar, daß sie wirklich selbständige Staaten sind. Tschetschenien hat sich abgespalten, doch viel Freude hat das nicht gebracht.

Seit 1991 aber haben die autonomen Republiken angefangen, wirtschaftliche Privilegien zu verlangen – mehr vom Zentrum zu erhalten und keine Steuern zu zahlen. Das war für die russischen Gebiete eine Herausforderung. In den russischen Gebieten entstand die natürliche, doch auch sehr bedrohliche Tendenz, ebenfalls Republiken zu bilden. Warum sollten sie, die russischen Gebiete, zweitrangige staatliche Gebilde sein? Warum waren die Republiken etwas Erstrangiges, sie aber kamen erst an zweiter Stelle? Also entstanden entsprechende Republiken. Das eine wie das andere ist in Wirklichkeit ein zerstörerischer Prozeß. Denken wir an den Menschen. Der Mensch ist eine höchst komplizierte Einheit, in der jedes Organ und jedes Detail für das Ganze benötigt werden und nur im Rahmen dieses Ganzen existieren können. Nehmen Sie einem Menschen ein Auge oder die Leber. Was kann für einen Menschen wichtiger sein als sein Auge oder die Leber? Nehmen Sie ihm ein Auge und legen Sie es beiseite. Was hat es für einen Wert? – Keinen, es wird auch nicht einmal ein paar Minuten überleben. Nehmen Sie seine Leber und legen Sie sie beiseite – was ist sie noch? Hundefutter, sonst nichts.

Sowohl die Republiken, die ihre Loslösung fordern, als auch die russischen Gebiete, die sich zu Republiken machen und ihre Loslösung fordern, sind in der Wahnvorstellung befangen, sie könnten aus eigener Kraft existieren. Wir sehen, daß sich schon die Republiken der ehemaligen Sowjetunion, die sich losgelöst haben, wirtschaftlich nur mit größter Mühe durchwursteln und an Rußland klammern, denn ohne dieses können sie nicht existieren. In Wirklichkeit bedeuten die Trennungen, mit denen man sich verantwortungslos brüstet und die man androht, den Untergang Rußlands. Die neue Verfassung muß Rußland vernünftig nach administrativ-territorialen Merkmalen aufbauen. Ich wiederhole: unter äußerst sorgsamer Bewahrung der kulturell nationalen Autonomie, der kulturellen Eigenheit jeder kleinen Nationalität, so kleiner Nationalitäten, wie es sie z. B. in Sibirien gibt, von den großen gar nicht zu reden.

KONDRATJEW: Wieviel Festigkeit soll die Zentralmacht zeigen, wenn es um die Bewahrung dieser Struktur der Föderation geht?

SOLSCHENIZYN: Die Zentralmacht muß Festigkeit zeigen und sich auf die Verfassung stützen. In Republiken, wo 22 oder 33 Prozent der örtlichen Nationalität die Angelegenheiten der Republik bestimmen, in solchen Republiken hat sie nicht die gesetzlichen, von der Verfassung vorgesehenen zwei Drittel, um ihre Meinung durchzusetzen. Wenn sie ihre Meinung gegen die der zentralen Macht durchsetzen will, muß sie die verfassungsmäßig erforderlichen zwei Drittel zusammenbringen. Durch eine Abstimmung ohne Terror, unter internationaler Beobachtung. Dann kann sie ihre Rechte durchsetzen. Sonst aber muß die Zentralmacht, auf die Verfassung gestützt, für die Festigung der Einheit Rußlands sorgen. Andernfalls würde das den Untergang für alle bedeuten. Nicht nur den Untergang Rußlands, sondern aller dieser Gebiete. Sie wären das herausgelöste Auge und die herausgenommene Leber.

KONDRATJEW: Gibt es Ihrer Ansicht nach zur Zeit in Rußland die Voraussetzungen für das Entstehen eines Bürgerkriegs?

SOLSCHENIZYN: Ich glaube – keineswegs. Ich glaube, sie bestehen nicht, es sei denn, die Präsidialmacht würde weiterhin schwere Fehler begehen, einen nach dem anderen, und die Erfüllung der unmittelbaren Aufgaben des Landes hinauszögern. Während der letzten anderthalb Jahre waren doch die Präsidialmacht und die Regierung im allgemeinen nur mit dem Kampf gegen den Obersten Sowjet beschäftigt. Und was sonst dort geschah, wie es mit der Reform weiterging... Diese Reform war ja, wie Jelzin zugab, »im Laufen« begonnen worden. »Wir mußten so schnell wie möglich entscheiden, konnten nicht die beste Variante auswählen, mußten die schnellstmögliche Variante nehmen.« Ach, diese unüberlegte, chaotische Reform...

KONDRATJEW: Sie denken an Schocktherapie?

SOLSCHENIZYN: Ja, die Schocktherapie. Wer würde denn seine Mutter mit einer Schocktherapie behandeln? Nein. Würden Sie Ihre Mutter so behandeln? Das ist eine unüberlegte Reform – und auch diese wurde vernachlässigt, weil man nur mit dem Kampf gegeneinander befaßt war. Wenn sich die Regierung endlich wirklich an die Heilung unserer Wunden machen wird, dann darf eine Gefahr nicht außer acht gelassen werden – die Gefahr der Entartung des neuen parlamentarischen Apparats. Der Zeitraum seiner Machtausübung muß streng begrenzt sein, man muß ihm eine ernste Prüfung auferlegen, sich selbst zu erproben. Dann die Gefahr mit dieser Vortäuschung einer Föderation. Denn da tut sich etwas Unvorstellbares. Die Rechte der autonomen Republiken und die Umwandlung der Gebiete in Republiken – das bedeutet den Zerfall Rußlands.

KONDRATJEW: Der Aufbau einer Marktwirtschaft, eines Marktes – wie groß ist hier Ihrer Meinung nach die Hilfe des Westens, und müssen wir uns in unserer Struktur auf die westliche Erfahrung hin orientieren?

SOLSCHENIZYN: Eine Marktstruktur als solche hatten wir in Rußland schon vor der Revolution, vor langem. Ich habe über einen französischen Interviewer gelacht, der sagte, wir hätten keine Kaufmannschaft gehabt. Wir hatten Kaufleute, die vor ihnen sowohl nach Kalifornien als auch nach Alaska gekommen sind. Seit dem Ende des 19. Jahrhunderts hatten wir voll entwickelte marktwirtschaftliche Beziehungen. Wir brauchen nichts zu lernen. Man hat sie einfach alle ausgerottet – die aktiven Menschen. Wir brauchen nichts zu lernen, brauchen nichts zu übernehmen, wir müssen etwas Eigenes aufbauen, etwas Nationales, das unserer nationalen Art entspricht, unseren staatlichen Traditionen, unserer Denkstruktur.

Hilfe aus dem Westen brauchen wir meiner Ansicht nach nicht. Ich möchte da etwas anderes vorbringen. Es ist ungerecht, daß Rußland die Schulden für die kommunistischen Regierungen bezahlen soll, für Schulden, die von den kommunistischen Führern für die Komintern gemacht worden sind, für die Schaffung all dieser kommunistischen Republiken in der ganzen

Welt – das ist ungerecht. Wenn man uns die Schulden erlassen würde, die wir für unsere Henker zahlen, das wäre die einzige Hilfe des Westens, die wir brauchten. Im übrigen werden wir mit eigenen Kräften zurechtkommen. Wir haben gesunde Kräfte, wir schaffen das. Aber wir haben natürlich gegenwärtig keine marktwirtschaftlichen Verhältnisse, sondern ein Chaos, haben Chaos und Plünderei. Bei uns wird von allen gewissenlos der Staat ausgeplündert, wird der nationale Besitz geplündert, als ob er niemandem gehöre, Lizenzen werden durch Bestechungen erlangt, der bürokratische Apparat ist korrumpiert, und zwar so hoch korrumpiert, wie es, fürchte ich, ohne Beteiligung einiger Ministerien nicht möglich gewesen wäre. Davon müssen wir freikommen. Doch Hilfe vom Westen erbitten, auf den Knien rutschen vor dem Internationalen Währungsfonds, das haben wir nicht nötig! Das ist die falsche Politik.

KONDRATJEW: Sind Korruption und Kriminalität Erscheinungen, die Ihrer Ansicht nach zur Marktwirtschaft gehören?

SOLSCHENIZYN: Nein, Korruption ist kein besonderes Kennzeichen der Marktwirtschaft, sondern eines der Überbleibsel des kommunistischen Systems. Wie bei uns die Bürokratie entstanden ist? Gorbatschow hat doch für freie, privilegienreiche Jahre gesorgt. Worauf liefen die sieben Jahre der Perestroika hinaus? Nicht auf die Neuordnung unserer Wirtschaft, nicht auf die Rettung unseres Landes, sondern darauf, unserem Parteiapparat die Möglichkeit zu geben, möglichst günstige Posten in der Bürokratie und im kommerziellen Bereich einzunehmen, finanzielle Macht zu erlangen. So haben sie sie auch bekommen, und jetzt ist Korruption unvermeidlich, weil wir diesen bürokratischen Apparat nicht durchdringen können. Daher kommt die Korruption.

Und die Kriminalität? Kriminalität gibt es überall, das ist etwas anderes. Kriminalität muß man natürlich bekämpfen, das versteht sich von selbst.

KONDRATJEW: Meinen Sie, daß die derzeitige Kampagne, mit dem Leninkult Schluß zu machen, hilft, das ideologische Erbe des Kommunismus zu liquidieren?

SOLSCHENIZYN: Man hätte sie schon viel früher einleiten sollen. Es ist doch unerträglich, daß zig Tausende Lenindenkmäler in Rußland stehen. Schließlich ist Lenin der Ursprung von all dem, was danach geschehen ist. Lenin ist auch der Schöpfer des GULag, Lenin ist verantwortlich für die falsch begrenzten Gebiete, in die die Sowjetunion zerfallen ist; und nun befinden sich 25 Millionen Russen außerhalb der Grenzen Rußlands. All das hat Lenin getan. Er war es, der diese Grenzen gezogen, ganz und gar russische Gebiete von uns abgetrennt hat. Lenin war es, der alles auf Terror gründete. Wie lange noch kann man es zulassen, daß seine Leiche aufbewahrt wird? Wie lange, daß seinen Denkmälern Ehre erwiesen wird? Seit langem ist sein Name verblaßt, der äußere Kult aber ist geblieben. Natürlich hätte man viel früher damit anfangen müssen, den Leninkult zu liquidieren.

KONDRATJEW: Alexander Issajewitsch, eine Frage, die, wie ich glaube, alle bewegt, die Ihre Äußerungen hier verfolgen. Können all diese Ereignisse der letzten Zeit in Rußland, möglicherweise auch zukünftige, vielleicht auch tragische Ereignisse, irgendeinen Einfluß auf Ihren Beschluß ausüben, im Mai 1994 nach Rußland zurückzukehren?

SOLSCHENIZYN: Nein, in keiner Weise. Ich sehe tatsächlich vor uns keine erfreulichen, lichtvollen Erleichterungen weder für das Land noch für mich. Aber mein Entschluß ist absolut unverändert. Wir haben nur eine Heimat, die Wahl ist getroffen, und diese Frist von uns seit langem festgelegt. Es gab in der Zwischenzeit eine Reihe übereilter und falscher Erklärungen über andere Termine, aber sie kamen nicht von meiner Frau oder mir. Wir hatten immer die Absicht und haben das kürzlich bekanntgegeben, daß wir im Frühjahr 1994 zurückkehren, im Mai. So wird es auch sein.

KONDRATJEW: Sie sind sich doch darüber im klaren, daß Ihre Äußerungen, Ihre politische Tätigkeit in Rußland dem einen oder anderen dort nicht so sehr gefallen werden.

SOLSCHENIZYN: Voll und ganz bin ich mir darüber im klaren. Das weiß ich nur zu gut. Ich muß sagen, daß ich gegenwärtig weder mit einer politischen Bewegung in Rußland noch mit einer politischen Partei, noch mit einem führenden Politiker verbunden bin. Ich rede nur das, was ich im Interesse Rußlands für nützlich und nötig halte. Und es ist mir vollkommen egal, wem von den Regierenden das gefällt oder nicht gefällt, wem es heute vorteilhaft scheint und morgen nicht. Ich gehe davon aus, daß ich eine unerwünschte Person sein werde und daß man mir die Freiheit des Wortes nehmen wird. Auch darauf bin ich eingestellt.

KONDRATJEW: Vielen Dank, Alexander Issajewitsch, für das Gespräch. Ich wünsche Ihnen viel Gesundheit und Erfolg bei Ihrer Arbeit. Im Namen unserer TV-Zuschauer kann ich nur hinzufügen: Alle warten auf Sie in Rußland.

Die russische Frage am Ende des 20. Jahrhunderts

Wenn man heute etwas liest, soll es kurz sein, so kurz wie möglich, und vom Heutigen handeln. Aber jeder Moment unserer Geschichte, auch der heutige, ist nur ein Punkt auf ihrer Achse. Und wenn wir mögliche und richtige Richtungen für einen Ausweg aus der gegenwärtigen bedrohlichen Not herausfinden wollen, dann dürfen wir die vielen Fehler unserer früheren Geschichte nicht außer acht lassen, die uns auch in die heutige Lage hineingestoßen haben.

Ich bin mir dessen bewußt, daß in diesem Artikel die nächsten konkreten praktischen Schritte nicht ausgearbeitet sind, aber ich halte mich auch nicht für berechtigt, sie vor meiner in Kürze erfolgenden Rückkehr in die Heimat vorzuschlagen.

März 1994

Ein historischer Überblick ist unvermeidlich, und wir müssen sogar weit ausholen. Wir werden aber dabei nur zwei Linien herauslösen: In welchem Verhältnis standen in unserer Geschichte der innere Zustand des Landes und seine außenpolitischen Bemühungen zueinander.

Der Mythos von der Blüte der *Nowgoroder Demokratie im 15.–16. Jahrhundert* ist von Akademiemitglied S. F. Platonow (Prag 1924) widerlegt worden. Er schreibt, es habe sich um eine Oligarchie eines kleinen Kreises der reichsten Familien gehandelt, und die Herrschaft der Nowgoroder Oberschicht habe sich allmählich zu einer politischen Diktatur ausgewachsen. Bei den Auseinandersetzungen der einander bekämpfenden Parteien, die es nicht geschafft hätten, Techniken der Kompromißfindung auszuarbeiten, sei die Volksmenge eingesetzt worden – bis zur Anarchie sei es gekommen. Der rasche Gang der Ereignisse habe dazu geführt, daß die soziale und politische Ordnung Nowgorods noch vor dem vernichtenden Zugriff Moskaus zusammengebrochen sei.

Indessen entwickelte sich ein unberührter Raum mit demokratischer Ordnung und einem blühenden freien Bauerntum gerade durch die Trennung von Nowgorod im Pomorje, dem nördlichen Küstengebiet. (Moskau siedelte dort seine Gutsbesitzer nicht an, denn von Norden erwartete es keine Feinde.) Im Pomorje konnte sich der russische Charakter frei entfalten, nicht eingeengt durch Moskauer Verfügungen und ohne den Hang zur Räuberei, den die an den Flüssen im Süden des Landes lebenden Kosaken spürbar entwickelt hatten. (Nicht zufällig kam das Licht eines Lomonossow aus dem Pomorje zu uns.)

Während der *Zeit der Wirren im 17. Jahrhundert* bildete nach all den Verwüstungen Rußlands und der Verwahrlosung der Seelen gerade der russische Norden mit seinem Rückhalt im Pomorje ein zuverlässiges Hinterland zunächst für die Truppen von Skopin-Schuiski, dann für die Landwehr Posharskis, die Rußland die endgültige Befreiung und Befriedung brachte.

Daher bemerkt Platonow auch, daß die qualvolle und seelenzersetzende Periode der Wirren immerhin zu einem günstigen Wandel der politischen Vorstellungen der russischen Menschen geführt habe: Unter den Bedingungen der Zarenlosigkeit, als Rußland aufhörte, »Erbgut« seiner Herrscher zu sein und die Menschen deren »Diener« und leibeigene Knechte, durfte der Staat auch ohne Herrscher nicht zugrunde gehen, man mußte ihn selber retten und aufbauen. Überall festigte sich die örtliche Macht, gab es Erlasse der lokalen Gemeindeverwaltungen, wurden Abgesandte und Nachrichten von Stadt zu Stadt geschickt, aus allen Ständen zusammengesetzte Räte in den Städten gebildet, die sich zu einem »Rat des ganzen Landes vereinten«. (Ein solches Beispiel selbstverantwortlichen Handelns war auch das 16monatige Durchhalten des belagerten Dreifaltigkeitsklosters bei Moskau und die 20monatige Verteidigung von Smolensk.) All das sind für uns, die Nachfahren, Beispiele einer lehrreichen Fähigkeit des russischen Volkes zur Selbstorganisation.

So entwickelte sich neben dem gewohnten Landesherrenprinzip das Prinzip einer Verwaltung, die vom Land selbst ausgeht. Zar *Michail Fjodorowitsch* (1596–1645) suchte von seinen ersten Schritten an Unterstützung bei der Landesversammlung, dem »Semski Sobor«, und dieser unterstützte den Herrscher gern. Es gab keinerlei formale Beschränkung der Macht des Landesherrn, aber eine enge Bindung zwischen dem Zaren und dem ganzen Land. Während der ersten zehn Jahre der Regierung von Zar Michail tagte der »Semski Sobor« permanent, später trat er periodisch zusammen. (Diese ganze russische Organisationsform des Staates bildete sich ohne den geringsten Einfluß aus dem Westen heraus, hier wurde von niemandem etwas kopiert.)

Ohne auf die letzten Regierungszeiten der Rjurikiden einzugehen, sei daran erinnert, daß auch dort neben der absoluten Macht der Zaren örtliche lebensfähige Verwaltungseinrichtungen tätig waren (wenn auch vorerst noch mit äußerst schwach entwickelten Rechtsvorstellungen), gewählte Institutionen: der Kreisälteste (für die lokale Polizeigerichtsbarkeit), der Oberste Landesälteste, die Gerichtsstube (für die Verteilung der Steuern, Aufteilung des Bodens, Bedürfnisse der Handel und Gewerbe treibenden Bewohner in der Stadt). Allerdings besaßen die leibeigenen Bauern der Gutsbesitzer dort fast gar keinen Einfluß (obwohl sie ihre Gemeindeältesten und Bauernamtmänner hatten). Die örtlichen Verwaltungen, die einen so rettenden Einfluß während der Zeit der Wirren ausgeübt hatten, waren also nicht aus dem Nichts entstanden. Indessen banden die militärischen Bedürfnisse des Staates die Bauern zunehmend an den Boden der im Heer dienenden Landbesitzer, und die Bauern flohen, um Freiheit zu erhalten, in die unbesiedelten Randgebiete, wodurch das Zentrum des Landes unter einem Mangel an Menschen und Arbeitskraft litt, während zugleich in den Randgebieten aufrührerische Horden an Macht gewannen. Das eine wie das andere hatte sich in der Zeit der Wirren zerstörend ausgewirkt, und nicht nur damals: der Prozeß der zunehmenden Ausweitung der Leibeigenschaft durchzog drei, vier Jahrhunderte lang verhängnisvoll die neuere russische Geschichte.

Die Periode mit der Institution des »Semski Sobor« nach der Zeit der Wirren kam allerdings rasch zu einem Ende unter der Herrschaft von Zar *Alexej Michailowitsch* (1629–1676), der aufgrund eines historischen Mißverständnisses mit dem Beinamen des »Ganz Stillen« in die Geschichte eingegangen ist. Unter seiner Herrschaft erhielt das Prinzip zentraler Behörden immer mehr die Oberhand über die regionalen, vom Land ausgehenden Verwaltungseinheiten; an die Stelle der gesunden Kräfte des Landes trat eine schlecht organisierte Bürokratie – und das sogar für dreihundert Jahre. Die Regierungszeit von Alexej Michailowitsch war reich an Aufständen – dem Protest des Volkes gegen die Herrschaft der Wojewoden (Heerführer) und die zentralisierte Verwaltung. Die Gesetzessammlung von 1649 beließ Leibeigene und sonstige Abhängige nicht nur in ihrer bisherigen Unterochung, sondern verstärkte diese noch. (Als Antwort erfolgte eine Reihe von Aufständen, zuletzt der von Stepanka Rasin.) Der Krieg jedoch, den Zar Alexej führte, war notwendig und gerecht, denn er holte ursprünglich russisches Land zurück, das sich die Polen angeeignet hatten. Der militärische Zusammenstoß machte Alexej einerseits das Ausmaß unserer Rückständigkeit gegenüber dem Westen und die dringende Notwendigkeit, von dort Kenntnisse und Technik zu übernehmen, deutlich, aber er legte andererseits auch den Grundstein für die »Mode«, in keinem Punkt auf westlichen Einfluß zu verzichten, leitete sogar eine übereilte Korrektur der gottesdienstlichen Bücher ein. Das führte dann zu dem brutalen Verbrechen des Anathemas über das eigene Volk und zu seiner Bekämpfung im Gefolge der »Nikonschen Reform« (zu einem Zeitpunkt, als Nikon selbst von dem »griechischen Projekt« bereits Abstand genommen hatte). Vierzig Jahre nach der vom Volke gerade noch lebendig überstandenen Zeit der Wirren wurde das ganze Land, das sich noch nicht wieder völlig erholt hatte, bis in seine geistigen und physischen Grundlagen von der Kirchenspaltung erschüttert. Nie wieder – der Blick geht wieder auf die folgenden 300 Jahre – hat die Orthodoxie in Rußland ihre hohe Lebenskraft wiedererlangt, die den Geist des russischen Volkes über anderthalb Jahrtausende aufrecht gehalten hatte.* Spaltung wirkte sich als unsere Schwäche auch im 20. Jahrhundert wieder aus.

Über dieses gebeutelte Volk und das noch nicht ausgeheilte Land brach der Wirbelsturm Zar Peters herein.

Als »Diener des Fortschritts« ist *Peter I.* (1672–1725) ein durchschnittlicher, wenn nicht gar barbarisch ungezügelter Geist. Es reichte bei ihm nicht so weit zu begreifen, daß man nicht einzelne Ergebnisse der Zivilisation und Kultur (vom Westen) übernehmen und dabei die psychische Atmosphäre außer acht lassen darf, in der sie (dort) gewachsen sind. Gewiß brauchte Rußland sowohl den technischen Stand des Westens als auch einen Zugang zum Meer, vor allem zum Schwarzen Meer. (Dort zeigte sich Peter I. am unfähigsten und befahl, um seine am Prut eingekesselte Armee freizukaufen, sogar Schafirow, Pskow zu verschenken: über die Türken an die Schweden. Über die Maßnahmen Peters als Heerführer finden sich treffende kritische Bemerkungen bei I. Solonewitsch.) Rußland brauchte das, doch nicht für den Preis, daß um der beschleunigten industriellen Entwicklung und militärischen Stärke willen (ganz in bolschewistischer Manier auch durch überzogenes extremes Handeln) das historische Bewußtsein, der Glaube, die Seele und die Sitten des Volkes zertrampelt wurden. (Die gegenwärtige Erfahrung der Menschheit läßt erkennen, daß keinerlei materielle und ökonomische »Sprünge« die Verluste wettmachen können, die im Geistigen erlitten worden sind.) Peter zerstörte auch den »Semski Sobor« (die Landesversammlungen), ja er »löschte sogar die Erinnerung daran aus« (Kljutschewski). Er legte der Orthodoxen Kirche Zügel an und brach ihr das Rückgrat. Steuern und Abgaben wuchsen ohne Rücksicht auf die Zahlungsmöglichkeiten der Bevölkerung. Durch die vielen Zwangsaushebungen wurden ganze Landstriche ihrer besten Handwerker und Landarbeiter beraubt, auf den Feldern wuchs Wald, Straßen wurden

---

* Anmerkung des Übersetzers: Hier liegt ein Irrtum vor. Da die Christianisierung Rußlands Ende des 9. Jahrhunderts erfolgte, beträgt der tatsächliche Zeitraum knapp sieben Jahrhunderte.

nicht gebaut, kleinere Ortschaften starben aus, die nördlichen Regionen verödeten – auf lange Zeit hinaus kam die Entwicklung unserer Landwirtschaft zum Stillstand. Für die Bedürfnisse der Bauern hatte dieser Landesherr überhaupt kein Organ. Wenn nach der Gesetzessammlung von 1649 der Bauer zwar sein Land nicht verlassen konnte, doch das Recht auf Eigentum, persönliche Freiheit und Verträge über sein Eigentum besaß, das er auch vererben durfte, so wurden die Bauern durch den Erlaß von 1714 über das alleinige Erbrecht des Adels zum direkten Eigentum des Adels. Peter I. schuf auch – für die nächsten zweihundert Jahre – eine Verwaltungskaste, die dem Volk zwar nicht immer dem Blute nach, doch stets in ihrem Bezug zur Welt fremd blieb. Obendrein hatte er noch diese Wahnsinnsidee von der Spaltung der Hauptstadt – sie in gespenstische Sümpfe zu verpflanzen (und damit etwas herauszureißen, was man weder ausreißen noch verpflanzen kann), dort zum Erstaunen ganz Europas ein »Paradies« zu errichten, allerdings mit Prügel und indem für dieses phantastische Bauprojekt von Palästen, Kanälen und Werften das Volk, das eigentlich eine Atempause so nötig hatte, in Massen in den Tod getrieben wurde. Allein von 1719 bis 1727 verlor die Bevölkerung Rußlands an Toten und Flüchtlingen fast eine Million Menschen, d. h. fast ein Zehntel! (Nicht zufällig kam im Volk das hartnäckige Gerücht auf, Peter sei ein selbsternannter Zar und der Antichrist. Aufstände erschütterten seine Regierungszeit.) Alle großen und kleinen Taten Peters I. wurden unter rücksichtsloser Verschwendung von Volksenergie und Menschenleben vollbracht. Es fällt schwer, Peter I. den Ruf des Reformators zu belassen: Ein Reformator ist derjenige, der die Vergangenheit einbezieht und bei der Vorbereitung der Zukunft die Übergänge fließend gestaltet. Wie Kljutschewski schreibt: In den Regierungsreformen »hat Peter am meisten Mißerfolg gehabt«. Die auf ihn zurückgehenden Mißerfolge und Irrtümer »werden später als heilige Vermächtnisse des Großen Reformators anerkannt werden«, seine Erlasse der letzten Jahre sind »wortreiche verschwommene Belehrungen«. Kljutschewski fällt ein vernichtendes Urteil über die Handlungen Peters I. gegenüber seinen Bürgern. Peter I. war kein Reformator, sondern ein *Revolutionär* (und das noch größtenteils ohne sachliche Notwendigkeit).

Nach Peter I. verlief dann das restliche 18. Jahrhundert unter nicht geringerer Vergeudung der Volkskraft (und mit einem kapriziösen Hin und Her der gestörten Erbfolge, auch das durch Peters Schuld). Nach der fieberhaften Aktivität Peters I. tat sich nach den Worten Kljutschewskis »ein Abgrund« auf, zeigte sich die »extreme« Auszehrung der Kräfte des Landes durch die übermäßigen Bürden, die der Arbeitslast des Volkes zusätzlich zugemutet wurden. Keineswegs kann man der verbreiteten Meinung zustimmen, daß die »Konditionen«, die von den Aristokraten im Obersten Geheimen Rat der Zarin Anna Iwanowna vorgelegt wurden, ein Schritt zur Liberalisierung Rußlands gewesen seien: Allzu kümmerlich war diese fürstliche Lockerung, und niemals wäre sie bis zur Masse des Volkes durchgedrungen. Unter der Zarin Anna Iwanowna war es dann auch, daß der Einfluß von Deutschen, sogar in Regierungsstellen, ganz erheblich zunahm, unter durchgehender Mißachtung des nationalen russischen Geistes, ferner daß der Landbesitz durch den Adel sich festigte, daß die Leibeigenschaft, und zwar auch im Bereich von Fabriken (die entstehenden Fabriken konnten Bauern ohne Land kaufen), noch fester verankert wurde, auch bedrückten das Volk in schlimmer Weise die Aushebungen und der Verschleiß von Menschen für die stümperhaft geführten Kriege.

Unbesonnen und erfolglos geführte Kriege und eine ebensolche Außenpolitik sind überhaupt ein Kennzeichen der Herrschaft der Zarin *Anna Iwanowna* (1693–1740). Schon Peter I. hatte ja in seinem unüberlegten Unternehmungsgeist dafür sorgen können, daß Preußen sich Pommern und Stettin einverleibte, jetzt setzten sich seine Nachfolger dafür ein, daß Schleswig an Dänemark kommen sollte, und Münnich bot Frankreich an, für dessen Interessen ein russisches 50 000-Mann-Korps einsatzbereit zu halten, nur um eine finanzielle Unterstützung zu erhalten. Ohne sich um den an Polen verlorenen umfangreichen russischen, weißrussischen und kleinrussischen Bevölkerungsanteil zu sorgen, war Annas Regierung statt dessen äußerst interessiert, auf den polnischen Thron den sächsischen Kurfürsten zu setzen. Während der Krim-Khan (1731) drohte, »daß er Rußland mit Peitschen wegfegen könne« (die tatarischen Einfälle von Süden her waren dem frühen Rußland und Kleinrußland wohlvertraut und konnten sich jederzeit wiederholen); während Rußland sich 1732 mühsam aus den Verstrickungen in den fernen Krieg mit Persien löste und nicht nur Baku und Derbent mit dem ganzen dazugehörigen Gebiet abtrat, zu denen ohne genügenden Rückhalt und unter rücksichtslosem Verschleiß der Streitkräfte Peter I. vorgestoßen war, sondern sogar auch Swjatoi Krest dazu; als in Rußland (1733–34) eine Hungersnot ausbrach und die Baschkiren (1735) ihren Aufstand begannen, fing die Zarin Anna Iwanowna genau zu diesem Zeitpunkt (1733–34) einen Krieg gegen Polen an, um den sächsischen Kurfürsten auf den polnischen Thron zu bringen. (Wieso sollte das besser sein als der polnische Einfall in Rußland während der Zeit der Wirren und die Pläne Sigismunds, den Moskauer Thron zu besteigen?) »Der Sinn des polnischen Krieges war den Russen absolut unverständlich« (S. Solowjow). Doch durch diese Einmischung schuf Rußland gegen sich eine Front aus Frankreich, Schweden, der Türkei und den Tataren – und dies bei nur einem einzigen, unzuverlässigen Bundesgenossen, Österreich. Sogleich (1734) griffen die Tataren auch die russischen Grenzen an, während Rußland (noch aufgrund des Vertrages von Katharina I.) ein 20 000-Mann-Korps nach Schlesien entsenden mußte, um Österreich zu helfen. Unvermeidlicherweise brach 1735 auch ein schwerer Krieg mit der Türkei aus. Strategisch lag er allein auf der Linie der russischen Interessen, da Rußland ohne einen Zugang zum Schwarzen und zum Asowschen Meer zu ersticken drohte. Aber wie wurde er geführt! Die Leitung des russischen Heeres durch Münnich war kümmerlich, sie erschöpfte die Soldaten und zeigte auch im Taktischen mangelnde Begabung. Noch ehe das russische Heer mit den Türken zusammentraf, hatte es gegen die Tataren die Hälfte der Truppen, mit denen es angetreten war, verloren. Peinlich stümperhaft ließ er (1737) Otschakow von der schwierigsten und ungünstigsten Seite stürmen (während er die leicht zugängige übersah), nahm die Festung unter erheblichen Verlusten, gab sie dann wieder auf, änderte die Richtung und zog nach Südwesten, um den Österreichern beizustehen. Dort handelte er schließlich erfolgreich, doch Österreich verriet Rußland durch einen überraschenden Separatfrieden mit den Türken, und Rußland war gezwungen, den Krieg mit dem Schleifen aller eroberten Festungen zu beenden: Otschakow, Perekop, Taganrog und Asow. Doch am schwersten hatte uns der Verlust an Menschenleben getroffen: Der Krieg kostete uns 100 000 Tote. Rußland hatte damals eine Bevölkerung von elf Millionen (weniger als ein Jahrhundert zuvor unter Zar Alexej Michailowitsch, so hatte sie Peter I. gelichtet!). Stellen wir uns das Schicksal der damaligen Rekruten einmal vor: Für die Soldaten gab es keine begrenzte Dienstzeit, sie wurden eigentlich auf Lebenszeit geholt; ein Ende gab es nur durch den Tod oder Desertion.

Was den geistigen Zustand des russischen Volkes zu jener Zeit anbetrifft, so hat ihn S. Solowjow für die Zeit der Zarin Anna Iwanowna definiert: »Die untere, die weiße Geistlichkeit war von Armut bedrückt, in den Dörfern lastete auch schwere Feldarbeit auf ihr, die dem Geistlichen keine Möglichkeit ließ, in seiner Gemeinde durch seine Lehrfunktion eine höhere Rolle zu spielen.« Diese Lage der Geistlichkeit »war der Grund eines schrecklichen moralischen Schadens für die Masse der Bevölkerung«.

Anna Iwanownas Regierungszeit nennt er die finsterste, und zwar wegen der uneingeschränkten Herrschaft der Ausländer in Rußland, von deren Joch sich der russische nationale Geist erst unter der Zarin *Elisabeth* (1709–1761/62) zu befreien begann. (Übrigens war die herrschende Klasse im ganzen 18. Jahrhundert von einer durchgehenden Verachtung gegenüber dem russischen Empfinden, gegenüber allem Russischen überhaupt und gegenüber dem Glauben ihrer Bauern durchdrungen.) Doch hier interessieren uns andere Ereignisse und Tendenzen ihrer Regierung.

Ehe Elisabeth den Thron bestieg, verfolgte sie ein höchst riskantes und moralisch zweifelhaftes Spiel mit französischen und schwedischen Diplomaten in Petersburg. Frankreich ging davon aus, daß es unter Elisabeth zu einem *russischen* Regierungsstil kommen würde, daß sie Moskau wieder zur Hauptstadt machen und aufhören würde, ihre Aufmerksamkeit den Seestreitkräften und den Angelegenheiten im Westen zu widmen, daß Rußland sich demnach vom europäischen Schauplatz zurückzöge. Mit Schweden führte Elisabeth gefährliche Verhandlungen, es solle Rußland den Krieg erklären (was dann im Juli 1741 auch geschah) und eine Wiederherstellung der Petrinischen dynastischen Linie fordern. (Die Schweden verlangten jedoch im Gegenteil die Rückgabe aller Petrinischen Eroberungen, wozu wiederum Elisabeth nicht im geringsten bereit war.) Doch Elisabeths Staatsstreich, mit dem sie in Petersburg zur Macht kam, war ohne Hilfe Frankreichs und Schwedens erfolgt, so hatte die neue Zarin die Hände frei, als sie den Thron bestieg.

In ihr war tatsächlich ein russisches Nationalgefühl lebendig, und ihr orthodoxer Glaube war durchaus keine Fiktion (wie später bei Katharina II.). Ehe sie Zarin wurde, hatte sie das Gelübde abgelegt, niemanden hinrichten zu lassen, und tatsächlich wurde unter ihr kein Todesurteil vollstreckt – ein für das ganze damalige Europa recht ungewöhnlicher Tatbestand. Sie milderte auch die anderen Bestrafungen für vielerlei Verbrechen und löschte (1752) alle ausstehenden Schulden seit dem Tode Peters I., also für ein Vierteljahrhundert. Sie »beruhigte das beleidigte Volksempfinden nach der langjährigen Herrschaft der Ausländer«, »Rußland kam wieder zu sich«. Mehrfach (1744, 1749, 1753) unternahm sie den Versuch, Moskau wieder zur Hauptstadt zu machen, setzte diesen Plan sogar für manches Jahr um und ließ den Kreml wiederherstellen. So verlangte es ihr russisches Empfinden, das der Tochter aber hieß sie, die Idee des Vaters nicht auszuhöhlen. Bei Maßnahmen zur Erleichterung des Loses ihres Volkes aber war sie nicht konsequent und ging nicht weit genug. Auch unter ihr wurden die sinnlosen und grausamen Verfolgungen der Altgläubigen fortgesetzt, und es kam zu Selbstverbrennungen: es war eine Ausrottung der urtümlichsten russischen Wurzeln. Neue Steuern nahmen den Bauern die Lebenskraft, die Menschen aus dem Gebiet um Wjatsk flohen in die Wälder, um dort in versteckten Siedlungen zu leben, aus den zentralen Gouvernements flohen sie – wenn auch in ein kümmerliches Leben voller Erniedrigungen – über die polnische Grenze. So handelten auch die Altgläubigen, sie gingen bis über den Dnjestr, um ihren Glauben zu retten. Die Zahl all dieser Flüchtlinge summierte sich auf eine *Million*! Überall zeigte sich ein Mangel an Arbeitskräften, und die Behörden unternahmen verstärkte Versuche, die Flüchtlinge vom Don zurückzuholen. In den Kreisen Tambow, Koslowsk und Schazk brachen Bauernaufstände aus, und dörferweise flohen die Menschen auf der Suche nach Freiheit an die untere Wolga. Auch viele Erhebungen von Klosterbauern wurden festgestellt. (Daß sich die Klöster nicht schämten, die Bauern mit ihrer Arbeit auszubeuten!) – Nicht von ungefähr schlug 1754 P. I. Schuwalow »ein Projekt zur Schonung des Volkes« vor (Befreiung von der Rekrutenaushebung gegen Entrichtung einer Kopfsteuer; Unterstützung der Bauern aus den Getreidespeichern bei Mißernte, bei guter Ernte hingegen Erhöhung der Getreidepreise, damit sie nicht zum Schaden der Bauern fielen; Streitschlichtung zwischen Gutsbesitzern und Bauern durch besondere Kommissare; Unterbindung der Beamtenbestechung bei gleichzeitiger Erhöhung der Beamtengehälter; Schutz der Landbevölkerung vor Räuberei und Unterdrückung, einschließlich der durch die eigene Armee; Vorsorge für Unterhalt und Ausbildung minderjähriger Soldatenkinder, sogar Einführung »von staatsfördernden freien Meinungsumfragen in der Gesellschaft«). – Indessen hatte die Zarin Elisabeth den Thron mit Hilfe der adligen Garde erlangt, daher blieb sie letztlich vom Adel abhängig. Bei Kljutschewski heißt das, »sie festigte die Adelsherrschaft«. (So erhielt der Gutsbesitzer 1758 die Befugnis, das Verhalten seiner Leibeigenen zu kontrollieren; 1760 folgte das Recht, Leibeigene nach Sibirien zu verbannen. Andererseits wurden den Adligen – wie schon unter Zarin Anna – eine Reihe von Erleichterungen bei ihren Dienstverpflichtungen zugestanden.)

Bei einem derart schwierigen Zustand des Staates und dem schon jahrhundertelang andauernden Erschöpfen der Volkskraft galt die Sorge der mental unbeständigen Elisabeth nicht »der

Schonung des Volkes«, sondern »der Gefährdung des europäischen Gleichgewichts«. In unverzeihlicher Weise verschleuderte sie die russische Volkskraft für uns fremde europäische Streitigkeiten, sogar für reine Abenteuer. – Nachdem sie schnell und recht erfolgreich den Krieg gegen Schweden gewonnen hatte, favorisierte sie weiterhin die törichte dynastische Idee, als schwedischen Thronerben einen – dynastisch nahestehenden – holsteinischen Prinzen einzusetzen (Welcher König jener Zeit baute andererseits seine große Politik nicht auf dynastischen Ehen und Berechnungen auf?), und aus solchen Erwägungen heraus trat sie 1743 an Schweden das von ihr befreite Finnland ab (und verschenkte damit die Möglichkeit einer für Rußland günstigen freien Entwicklung Finnlands, das schon im 17. Jahrhundert seinen Sejm gehabt hatte. Anschließend geriet sie immer weiter in diesen Sog: Um Schweden vor Dänemark zu schützen, schickte sie russische Flotteneinheiten dorthin, nach Stockholm russische Infanterie, es war ja nicht schade darum... (Auch noch später war die russische Regierung zwei Jahrzehnte lang eifrig mit innerschwedischen Angelegenheiten beschäftigt, zahlte für die Aufrechterhaltung unseres wertlosen »Bündnisses« mit Schweden Gelder, kaufte Abgeordnete des schwedischen Sejm, und russische Diplomaten waren dort überaus eifrig damit befaßt, in Schweden »die Wiederherstellung der Autokratie zu unterbinden«, damit es schwächer bleibe.) – Außerdem dürstete man danach, in Dänemark einen treuen Bundesgenossen zu haben, doch einem derartigen Bündnis widersprach der holsteinische Stolz des russischen Thronfolgers Peter Fjodorowitsch. – Ebenso unvernünftig übernahm Elisabeth Verpflichtungen gegenüber England, von dem Rußland noch nie etwas Gutes, nie eine Hilfe gesehen hatte, die uns belasteten und keine Vorteile brachten. Das war 1741. 1743 schloß sie ein förmliches Bündnis, das Rußland verpflichtete, auf dem europäischen Kontinent im Interesse Englands zu handeln (mit der tiefgründigen Berechnung, daß jener holsteinisch-schwedische Prinz die englische Königin heiraten würde, und dann gäbe es eine Koalition! Daher konnte der scharfsinnige österreichische Kanzler Kaunitz 1745 seiner Kaiserin Maria Theresia berichten, die Politik Rußlands basiere nicht auf seinen tatsächlichen Interessen, sondern hänge von der individuellen Stimmung einzelner Personen ab). 1751 übernahm Rußland schließlich die geheime Verpflichtung, die persönlichen Besitztümer des englischen Königs im Fürstentum Hannover zu schützen – also im Westen Deutschlands, etwas Näherliegendes gab es wohl nicht! Ungeheuerlich!

Als unmittelbaren Nachbarn hatten wir Polen, das infolge der inneren Streitigkeiten der Schlachtitzen zunehmend schwächer wurde. In früheren Jahren hatte es einen großen orthodoxen Bevölkerungsanteil erobert und seitdem unterdrückt – doch nicht um dessen Freigabe kümmerte sich die Zarin Elisabeth, sondern darum, wie man das geschwächte Polen als Ganzes erhalten könne (König war dort doch unser geliebter sächsischer Kurfürst...), und zugleich war man natürlich ständig auch auf den Schutz Sachsens bedacht. (Warum waren das eigentlich alles unsere Sorgen?) – Zu Beginn ihrer Regierungszeit hatte Elisabeth sehr wohl begriffen, daß uns ein Bündnis mit Österreich absolut keinen Vorteil brachte. Doch kaum holte sich Preußen mit seinem kriegerischen und unternehmungslustigen Friedrich II. von Österreich Schlesien, da verzieh Elisabeth Österreich (die gegen sie persönlich gerichteten Intrigen) und erneuerte (1746) – auch noch für 25 Jahre! – den schon überalterten Bündnisvertrag. Als sie dann Österreich und Sachsen gegen Friedrich II. verteidigte, ließ sie die russischen Truppen durch das unabhängige Polen marschieren! – Gewiß hatte Friedrich II. grob aggressiv gehandelt, doch bis zu einer Gefahr für Rußland war es noch recht, recht weit. Und hätte Friedrich II. überhaupt gewagt, selbst wenn er Polen erobert hätte, in das Riesenterritorium Rußlands einzudringen? Die russischen Finanzen waren zu diesem Zeitpunkt restlos ruiniert, es mangelte an Rekruten, die Einberufungen brachten nur kümmerliche Ergebnisse – wir aber mußten Truppen gegen Friedrich II. schicken (während ohne Garnisonen im eigenen Lande auf unseren Straßen und Flüssen Räuber ihr Unwesen trieben und das Reisen zu Lande und zu Wasser gefährlich war). Friedrich II. hingegen bekam inzwischen von

Österreich, was er haben wollte, und schloß Frieden. Waren wir also sinnlos ausgezogen? Nein, wir haben 1747 trotzdem ein Heer von 30 000 Mann bis über den Rhein entsandt, auf niederländisches Gebiet, um Österreich zu helfen, und uns dadurch unnötig mit Frankreich überworfen. (Hören wir da nicht das Murren der Soldaten und unserer Bevölkerung: Wer kann denn diesen Feldzug begreifen?...)

Dafür hebt in Europa ein allgemeines Friedenschließen an. (Nur zu dem Kongreß nach Aachen hat man Rußland nicht geladen, und Rußland hat denn auch überhaupt nichts bekommen.) Dafür haben aber Historiker dankenswerterweise vermerkt: Durch die Einmischung Rußlands wurde der Krieg um die polnische Erbfolge abgebrochen, ebenso der Krieg um die österreichische Erbfolge, und dem dreisten Friedrich II. wurde Einhalt geboten.

Doch das hielt bei ihm nicht lange vor: Immer weiter schnüffelte er in Europa herum und schnappte sich bald hier, bald da etwas. 1756 bedrängt Rußland Österreich beharrlich, möglichst rasch gemeinsam Preußen anzugreifen (solange sich England mit Frankreich in Amerika auseinandersetzt). Dabei »hatten wir keinen einzigen ordentlichen General« (S. Solowjow), denn unter der Zarin Anna Iwanowna hatte man russische Generäle nicht ausgebildet, alles war in die Hände deutscher Mietlinge gelegt worden. Während Österreich zögert, erobert Friedrich II. blitzartig Sachsen, und die russische Armee marschiert über die Grenze in den Siebenjährigen Krieg (wobei feststand, was Österreich und was Polen zurückerhalten sollte, für Rußland hingegen war nichts vorgesehen). Die Zarin Elisabeth hoffte sehnsüchtig »auf ein Zeichen der Anerkennung und des Dankes seitens der Verbündeten und ganz Europas für die ihnen verschaffte Sicherheit« und spornte ihre vier einander ablösenden unfähigen Feldmarschälle an. (Zugegebenermaßen überblickte sie von Petersburg aus die Lage besser. Aber die Kuriere, bis die am Ziel sind!) So sah nun die Kriegsführung aus: Im Sommer (nicht in jedem) fanden die Kampfhandlungen statt, im Frühherbst zog man sich rechtzeitig von dem Feind zurück, weitab in ruhige Winterquartiere. (In Preußen vergüteten unsere Truppen den Einwohnern jeden Schaden.) Der Krieg legte viele Mängel in der Ausbildung und im Zustand der russischen Armeen bloß. Unsere Generäle brachten es z. B. in der Schlacht bei Zorndorf fertig, ihre Truppen so aufzustellen, daß sie Sonne und Wind mit viel Sand genau von vorne trafen. In allen wesentlichen Schlachten griff Friedrich II. als erster an, doch die russischen Truppen hielten entweder stand, oder sie siegten. Ab 1757 drangen sie bereits in Preußen ein. Nach der Schlacht bei Kunersdorf im August 1759 floh Friedrich II., da er nicht nur den Feldzug, sondern sein ganzes Leben für verloren hielt. 1760 marschierten die russischen Truppen in Berlin ein, zogen aber nach zwei Tagen wieder ab, ohne sich die Stadt zu sichern. Jetzt wollte die Zarin Elisabeth ein Stück Preußen haben, doch nicht einfach so, sondern um dann im Tausch von Polen Kurland zu erhalten. (Österreich und Frankreich stellten sich jedoch kräftig dagegen und verhinderten das.) In all diesen Jahren versuchte der Krim-Khan, von England kräftig unterstützt, die Türkei zu einem Krieg gegen Rußland aufzustacheln (wie hätte Rußland das durchgehalten?); die Türkei zögerte und nahm nach der Schlacht bei Kunersdorf von dem Plan Abstand. – Im Siebenjährigen Krieg vertrödelte man (besonders Österreich) auch noch das Jahr 1761. Immer schwächer wurden Kräfte und Mittel, um bei dem Feldzug die russische Armee in der Ferne weiter zu unterhalten; schon bat man England, einen Frieden mit Friedrich II. zu vermitteln. Dieser war zwar selbst schon am Ende seiner Kräfte, durchschaute aber die Lage und war zu keinerlei Zugeständnissen bereit. In diesem Augenblick starb Elisabeth.

Den russischen Thron bestieg ihr Neffe, ein untauglicher Mensch mit bescheidenem Verstand, der in seiner Entwicklung auf dem Stand eines Kindes stehengeblieben war, dazu mit einer holsteinisch geprägten Seele – der Querkopf *Peter III.* (1728–1762). Die »Adelsherrschaft« festigte er (1762) mit einem »Erlaß über die Adelsfreiheit«, demzufolge die für den Staat sinnlose Leibeigenschaft Rußland ein Jahrhundert lang niederdrückte. (Durch diesen Erlaß verlor u. a. die Armee viele Offi-

ziere, und eine erneute Besetzung mit Ausländern stand bevor.)
»Er trug sich mit der Absicht, unsere Religion, der er mit besonderer Verachtung gegenüberstand, zu ändern«, er ordnete an, die
Ikonen aus den Kirchen zu entfernen, den Priestern die Bärte zu
scheren, und verlangte, daß sie sich wie ausländische Pastoren
kleiden sollten. (Die positive Kehrseite lag in einem Erlaß über
die Nichtbeeinträchtigung in der Glaubensausübung der Altgläubigen, Mohammedaner und Götzenanbeter.) – Doch den
krassesten und spürbarsten Wandel schaffte Zar Peter III. in dem
halben Jahr seiner Regierungszeit in der Außenpolitik. Er bot
Friedrich II., der den Krieg verloren hatte und schon bereit war,
Ostpreußen abzutreten, an, *selber* den Friedensvertrag zugun-
sten Preußens aufzusetzen, alle Gebiete, die die Russen besetzt
hatten, zurückzugeben und sogar unverzüglich ein preußisch-
russisches Bündnis abzuschließen, Preußen gegen Österreich zu
unterstützen (wofür er Friedrich die Truppen des Generals
Tschernyschow mit 16000 Mann unterstellte). Die russischen
Streitkräfte in Pommern aber schickte er bereits gegen Dänemark los, sie sollten Schleswig für sein heimatliches Holstein erobern. (Die Unlust der Garde, jetzt auch noch gegen die Dänen
anzutreten, diente denn auch zur Beschleunigung des Staatsstrei-
ches von Katharina II.) »Was Peter III. getan hat, beleidigte die
russischen Menschen tief... wirkte wie ein Spott über das Blut,
das im Kampf vergossen worden war« (S. Solowjow). Nicht genug, daß Peter sich mit Holsteinern und Deutschen umgeben
hatte, sondern er hat die Leitung der gesamten russischen Außenpolitik dem preußischen Gesandten von der Goltz überlassen. Die russischen Menschen »blickten voller Verzweiflung in
die Zukunft des Vaterlandes, das sich in den Händen unfähiger
Ausländer und Minister eines fremden Herrschers befand«
(S. Solowjow).

Der Staatsstreich der Zarin *Katharina II.* (1729–1796) war im
Unterschied zu dem der Zarin Elisabeth kein Aufbruch des russischen Nationalgefühls. Die Aktivität von Katharina II. für die
nicht zu Ende geführte Gesetzessammlung (ihre »Instruktion«
von 1767 sprach so viel und so kühn von den *Rechten*, daß sie im

vorrevolutionären Frankreich *verboten* war, so kühn »hatte sie die europäischen Samen« jenes Jahrhunderts gesät) ließ erwarten, daß sie viel für die Hebung des rechtlichen Status des Volkes tun würde, für einen gewissen Schutz der Rechte der erniedrigten Menschenmassen. Jedoch gab es nur wenig Bewegung in dieser Richtung: ein Nachlassen des Drucks auf die Altgläubigen, eine Verordnung, keine allzu schlimme Härte bei der Unterdrückung von Bauernaufständen anzuwenden. (Großzügiger war sie gegenüber den von ihr eingeladenen deutschen Kolonisten: Zuteilung größerer Ländereien, Bau von Häusern, Befreiung von Steuern und Staatsdiensten auf dreißig Jahre und Gewährung zinsloser Darlehen.) »Auf daß die armen Gutsbesitzer nicht Not litten, erweiterte Katharina II. ständig die Rechte des Adels, der mit dem »Erlaß über die Adelsfreiheit« noch nicht ganz zufrieden war. Das Recht jedes Gutsbesitzers, seine Bauern nach Sibirien zu verbannen (später auch zu Zwangsarbeit), wurde bestätigt, und dabei bedurfte es keiner gerichtlichen Untersuchung des Grundes für die Verbannung (war jedoch mit einer für den Gutsbesitzer vorteilhaften Anrechnung auf die Gestellung von Rekruten verbunden). »Der Gutsbesitzer handelte mit ihm, [dem Leibeigenen], wie mit lebender Ware, indem er ihn nicht nur ohne Land verkaufte…, sondern auch aus seiner Familie herausriß« (Kljutschewski). Wohl noch übler in ihrer Rechtlosigkeit war die Lage der Bauern, die zur Arbeit in Fabriken geschickt wurden: nicht selten fern ab von ihrem Wohnort, wobei ihnen nur wenige Tage im Jahr für die Feldarbeit zur eigenen Ernährung zugebilligt wurden. Darüber hinaus »beehrte« Katharina noch ihre Auserwählten oder zu Belohnenden mit einer Million vorher noch freier Bauern; sie verschärfte die Leibeigenschaft in Kleinrußland, wo die Bauern bis dahin noch freies Bewegungsrecht gehabt hatten. Die Kommission, die das Gesetzeswerk ausarbeiten sollte, sah vor, den Adligen uneingeschränkte Macht über die Bauern zu geben (im Grunde bestand diese schon, erst recht in den Vorstellungen der Verwaltung) – und von Leibeigenen keine Klagen gegen ihre Herren entgegenzunehmen. 1767 kamen Katharina II. während ihrer

Wolgareise trotzdem so viele Beschwerden von Bauern in die Hände, daß sie den Befehl erteilte, »fürderhin dergleichen nicht vorzulegen«, und der Senat verordnete auf ihre Weisung hin: »daß Bauern und Hofgesinde künftig es nicht wagen möchten, Klage gegen ihre Gutsbesitzer zu erheben«, und daß Zuwiderhandelnde mit der Knute zu bestrafen seien. Die Fabrikbauern aber »hätten unter Androhung harter Strafe ohne Murren zu gehorchen« (S. Solowjow). Über die polnische Grenze entsandte die Kaiserin militärische Einheiten, um dorthin geflohene Bauern mit Gewalt zurückzuholen. – Die ausführlichen Darstellungen S. Solowjows in seinem Geschichtswerk vermitteln uns viele Schilderungen der Bestechlichkeit der Beamten. Die Abgeordneten, die Katharina II. eingeladen hatte, erklärten: »Wer einen ruinieren kann, der tut das auch.« – Doch hat Katharina II. das alles durchschaut? Umgeben war sie von grenzenloser Schmeichelei und Lüge, die sie sorgsam vom schlimmen Leben des Volkes abschirmten. – Dershawin, unser großer Dichter jener Zeit, der auf hohen staatlichen Posten unter drei Zaren gedient hat und das Leben bei Hofe aus unmittelbarer Nähe kannte, schreibt: »Katharinas Seele war vor allem mit Kriegsruhm und politischen Plänen befaßt... Sie lenkte den Staat oder die Rechtsprechung mehr nach politischen und persönlichen Erwägungen, denn im Dienste der heiligen Wahrheit... Sie regierte politisch, indem sie entweder den eigenen Vorteil verfolgte oder den Würdenträgern gegenüber durch die Finger sah.«

Um so mehr erboste sie Pugatschows Aufstand (1773–74). Als Reaktion auf Puschkins Ausspruch (den er einmal nebenbei tat, auf dem aber seitdem hemmungslos herumgeritten wird, besonders von den Pseudogebildeten unserer Zeit) »ein russischer Aufstand, sinn- und gnadenlos« fragt I. Solonewitsch zu Recht: warum er eigentlich elf Jahre nach dem (staatspolitisch wahrhaft sinnlosen) Erlaß über die Adelsfreiheiten und angesichts des unter Katharina anwachsenden Drucks so »sinnlos« gewesen sei. Gab es wirklich keinen Grund zum Aufstand? Hier eine Passage aus Pugatschows Manifest: »Laßt uns die Adligen ergreifen, hinrichten und aufhängen und mit ihnen genauso umgehen wie sie, die in sich kein Christentum haben, es ihren Bauern angetan haben... nach der Vernichtung der Adligen, selbiger Gegner und Bösewichte, kann ein jeglicher Stille genießen, ein ruhiges Leben führen, welches ewiglich andauern wird.« Hat Pugatschow selbst daran geglaubt? »Freiheit« stellte er sich als ein kollektives Handeln nach dem eigenen Wollen der Mehrheit vor, ohne eine Vorstellung von einer organisierten, geordneten Freiheit zu haben (S. Lewizki). »Die in sich kein Christentum haben« – ja das stimmte! Dabei ist charakteristisch, daß die Volksmassen beim Aufstand Pugatschows wie auch bei allen Aufständen während der Zeit der Wirren niemals eine Anarchie erstrebten, sondern sich der Täuschung hingaben (genau wie die Dekabristen später), im Interesse des legitimen Zaren zu handeln. Wohl aus diesem Grund nahm Pugatschow so leicht Städte ein, sogar Saratow, Samara (das ihn mit Glockengeläut empfing), wohl deshalb schlossen sich ihm die irgisischen Altgläubigen an. (Übrigens stellte Dershawin, der in der Region des Aufstands im Staatsdienst war, bei den Würdenträgern, die den Aufstand Pugatschows unterdrückten, Anmaßung, Dummheit und Niedertracht recht kritisch heraus.)

Dafür war die Zarin Katharina, die sich als fortschrittliche Europäerin empfand, umso stärker an europäischen Problemen interessiert. Noch bevor sie auf dem Thron bestätigt war, mußte sie den Schandfrieden Peters III. mit Preußen akzeptieren, doch schloß sie unmittelbar danach (1764) mit Preußen ein Bündnis, das für Rußland höchst ungünstig war, und ordnete sich der Politik Friedrichs II. unter. Gemeinsam setzten die beiden Stanislaw Poniatowski auf den polnischen Thron (ein sinnloses Unterfangen; nach Ansicht von Kljutschewski war aufgrund der polnischen Verfassung ein uns freundschaftlich gesonnener polnischer König nutzlos, ein feindlicher unschädlich; Poniatowski aber verriet, kaum gewählt, seine Fürsprecher und suchte die Freundschaft des französischen Königs). – Graf Nikita Panin drängte Katharina II. viele Jahre lang zu dem fruchtlosen Projekt eines Bündnissystems der nördlichen Mächte, das nur England Vorteile gebracht hätte. (Es kam dann nicht zustande. Von England, Schweden und Dänemark hätten wir auch keine Hilfe erhalten können. England seinerseits scheute sich allerdings nicht, 1775 von Rußland ein Korps von 20 000 Mann zum Einsatz in Kanada zu fordern; wenigstens das hat Katharina abgelehnt.)

In den Beziehungen zu Polen war Katharinas Einsatz dafür vernünftig, daß die orthodoxen Menschen dort »nach Recht und Gerechtigkeit in eine gesetzlich abgesicherte Lage gebracht würden«, was überhaupt nicht der Fall war. Sie wurden zwangsweise polonisiert (eine totale Unterlassungssünde Peters I., der sich ebensowenig wie die Zarin Elisabeth nach ihm darum gekümmert hatte), obwohl Rußland in dem durch Unruhen geschwächten Polen des 18. Jahrhunderts großen Einfluß hatte. Die Bemühungen der Zarin Katharina für die Orthodoxen zeigten einen gewissen Erfolg, doch hegte sie Bedenken, daß eine zu starke Besserung der Rechtssituation eine Zunahme der Flucht von Russen dorthin bewirken könne. (Als Reaktion auf die in Polen gewährten Zugeständnisse fingen die polnischen Beamten und die unierte Geistlichkeit an, die Orthodoxen in der Ukraine hemmungslos zu verfolgen, was 1768 den furchtbaren Aufstand der »Hajdamaken« mit vielen schrecklichen Opfern auslöste. Sein Schlachtruf war »Für den Glauben!« Auch dieser Aufstand stellte sich durch einen gefälschten Befehl Katharinas in den Schatten der Monarchin.) – Die Anwesenheit russischer Heereseinheiten in Polen, gelegentliche Zusammenstöße mit der »Konföderation« führten zu einer gespannten Situation in der Türkei, die damals an Polen grenzte. Der Angriff eines Hajdamakentrupps auf ein tatarisches Dorf bei Balta wurde dann zum konkreten Anlaß: Im September 1768 erklärte die Türkei (darüber hinaus mit allen Mitteln von England und Frankreich aufgeputscht) Rußland den Krieg (und traf es unvorbereitet an). – In Kürze überzog Khan Grym-Girej mit einem 70 000-Mann-Heer plündernd und brandschatzend das Gouvernement Jelisawetgrad. (Das war der letzte Tatareneinfall in der russischen Geschichte, 1769.) In Polen hingegen wurde der Angriff der Türkei auf Rußland mit großem Enthusiasmus aufgenommen, und es trat daher der Türkei ein Kiewer Gebiet mit Bauern orthodoxen Glaubens ab.

Da unterliefen Katharina wesentliche diplomatische Irrtümer: sie hielt Preußen für einen Verbündeten, unterstellte, daß sich Österreich angesichts der islamischen Türkei dem christlichen Rußland gegenüber wohlwollend verhalten würde, und setzte sich das Ziel, nicht nur einfach zum Schwarzen Meer vorzudringen, was für Rußland lebensnotwendig war, sondern machte sich daran, die »Türkei von vier Seiten zugleich in Brand zu setzen«. Sie entwarf ein unausführbares »griechisches Projekt«: die Wiederherstellung des Byzantinischen Imperiums auf den Trümmern des Türkischen Reiches (übrigens hatte auch Voltaire ihr einen solchen Rat gegeben; für den byzantinischen Thron war bereits ihr Enkel Konstantin Pawlowitsch vorgesehen). Sie entsandte eine Flotte um Europa herum nach Griechenland und schickte Agenten als Unruhestifter zu den Balkanchristen. Dieses Hirngespinst konnte auch nicht annähernd umgesetzt werden, es war schon unmöglich, die Griechen dazu zu bewegen. Eines wurde allerdings deutlich: zum ersten Mal zeichnete sich der bedrohliche Schatten einer Einmischung Rußlands in die Angelegenheiten des Balkans ab.

Leider ließ diese falsche, aufgeblasene und verdammte Idee die russischen Herrscher und dann auch die russische Gesellschaft das ganze 19. Jahrhundert hindurch nicht mehr los. Sie brachte natürlich ganz Europa gegen uns auf, vor allem das an den Balkan grenzende Österreich, und das setzte sich bis zum Ersten Weltkrieg fort.

Der Kriegsverlauf war für Rußland sehr erfolgreich: Asow und Taganrog wurden erobert, zu Herbstbeginn 1769 auch Bukarest, 1770 dann Izmail, große Siege wurden bei Focsani und am Fluß Cahul errungen, in der Bucht von Tschesme wurden die Türken in einer Seeschlacht geschlagen, sogar Beirut wurde vom Meer her erobert; im Sommer 1771 standen russische Truppen auf der Krim und nahmen Kertsch. Doch auch die ständigen russischen Erfolge hatten letztlich kein positives Ergebnis. Die russischen Siege wurden diplomatisch unterlaufen. Wieder einmal erwies sich die europäische Diplomatie für die russische als unberechenbar oder undurchschaubar. Rußlands »Bündnispartner« König Friedrich II., der die harte Lehre des Siebenjährigen Krieges nicht vergessen hatte, nutzte dies als eine willkommene Gelegenheit, einen für Rußland günstigen Frieden zu vereiteln. Der Russisch-Türkische Krieg hatte Preußen in recht nahe Beziehungen zu Österreich gebracht. Österreich wollte sich mit der Unabhängigkeit von Moldau und Walachei nicht zufriedengeben (an der Rußland zur Schwächung der Türkei interessiert war, denn sie bedeutete deren Trennung von den Tataren auf dem Lande), sondern hätte diese Gebiete gern für sich selbst beansprucht. Für den Fall eines erfolgreichen russischen Vordringens nach Konstantinopel bereitete es sich darauf vor, Rußland in den Rücken zu fallen (eine Situation, die sich auch im 19. Jahrhundert wiederholen sollte). – Mittlerweile gingen Rußland die Mittel aus. Außerdem hatten sich die russischen Truppen im türkischen Gebiet mit der Pest infiziert, die Pest war schon bis Moskau vorgedrungen, wo sie erhebliche Opfer forderte, da die Bewohner die Quarantänebestimmungen nicht begriffen und mißachteten. – 1772 begannen die Friedensverhandlungen mit der Türkei, aber es kam lange zu keinem Friedensschluß, weil die Türkei zögerte. Der Friede wurde erst 1774 in Kütschük-Kajnardshe geschlossen, nachdem ein neuer Sultan die Regierung übernommen hatte und Suworow, der sich als Feldherr hervorgetan hatte, neue Siege errang. Aufgrund des Friedensvertrages behielten die Krimtataren ihre Unabhängigkeit, blieben aber unter der anerkannten geistigen Oberherrschaft der Türkei. Rußland erhielt die Steppe, erst bis zum Djnestr, dann nur bis zum Bug, die Ufer des Asowschen Meeres, Taman und Kertsch; die Moldau, die Walachei und das Gebiet jenseits des Bug blieben bei der Türkei. Außerdem wurde Rußland das Recht zuerkannt, eine Schirmherrschaft über den orthodoxen Glauben im gesamten Ottomanischen Reich auszuüben. (Das verstand man damals zwar aufrichtig im religiösen Sinne, doch warf es schon einen bedrohlichen politischen Schatten auf die Zukunft.) Die europäischen Mächte, von denen einst die Kreuzzüge nach Kleinasien ausgegangen waren, taten sich von nun an zusammen, um in gutem Einvernehmen die Türkei vor dem christlichen Rußland zu schützen. – Doch auch damit war der Krieg im Grunde genommen nicht zu Ende. Die Türkei zögerte in dem Bewußtsein der Unterstützung Europas mit der Erfüllung des Vertrages, und 1779 gab Rußland noch einmal nach: Es zog sich von den Halbinseln Taman und Krim zurück.

Unterdessen hatte sich der schlaue Preußenkönig Friedrich überlegt, daß es recht günstig wäre, vor dem Hintergrund des blutreichen Russisch-Türkischen Krieges Polen zu teilen. Diesen Gedanken hatte er schon früher gehabt. Zur Ehre von Maria Theresia sei vermerkt, daß sie der Ansicht war, eine Teilung widerspräche dem christlichen Gewissen, und daß sie lange mit ihrem Sohn und Thronfolger Josef darüber stritt. Später »erachtete es der Wiener Hof zur Verringerung der Ungerechtigkeit der Teilung für seine Pflicht, sich daran zu beteiligen«. Übrigens bekam Österreich das größte Stück Polens und obendrein einen Teil der nördlichen Bukowina von der Türkei noch dazu (die auch nichts dagegen gehabt hätte, an der Teilung zu partizipieren). Die »Tscherwonnaja Rus« (Galizien und Transkarpatien), das Erbe der Kiewer Rus, also des ersten russischen Reiches, kam auch zu Österreich. Rußland holte sich bei dieser 1. Teilung (1772) Weißrußland zurück, Friedrich II. hingegen nahm sich urpolnisches Land. Immerhin blieb der gestutzte polnische Staat damals noch erhalten.

1787–90 gab es noch einen Krieg mit der Türkei. Rußland befand sich erneut in einem unzuverlässigen Bündnis mit Österreich, das wieder für Rußland unerwartet einen Zwischenfrieden schloß. Die russischen Truppen errangen auch dieses Mal große Siege, wiederum bei Otschakow, das sich nicht ergeben wollte, bei Bender, Akkerman, vor allem aber gelang die entscheidende Eroberung von Izmail durch Suworow. Als ein Sieg dem anderen folgte, spürte Rußland wieder, daß die europäischen Mächte es nicht zulassen würden, daß Rußland die Früchte dieser Erfolge erntete. England erklärte, es werde keine Veränderung der türkischen Grenzen dulden (und das in einer Situation, wo die Türken am Bug und am unteren Dnjepr standen!). Preußen schloß mit der Türkei einen geheimen Vertrag über die Vorbereitung eines Krieges. In Reichenbach trat 1790 ein Kongreß zusammen, der sich einzig und allein damit befaßte, den russisch-türkischen Frieden auszuarbeiten. (Selbst Holland, Spanien und Sizilien glaubten, sich an dieser Hilfe beteiligen zu müssen.) Doch da kam paradoxerweise die Französische Revolution dazwischen: Sie versetzte ganz Europa in Schrecken und gab Rußland die Möglichkeit, 1791 einen siegreichen Frieden in Jassy zu schließen. (Kljutschewski schreibt, so hätte schon der vorangegangene türkische Krieg enden müssen, wenn sich Europa nicht eingemischt hätte.)

Auf diese Weise bekam Rußland den Zugang zu seinen natürlichen südlichen Grenzen: zum Schwarzen Meer, einschließlich der Krim, und zum Dnjestr. (Im Norden war das am Nördlichen Eismeer und im Osten am Stillen Ozean erreicht worden.) Man hätte begreifen sollen, daß man nun aufhören mußte – nach den vier Russisch-Türkischen Kriegen des 18. Jahrhunderts. Doch Rußland führte auch im nächsten Jahrhundert noch vier Kriege mit der Türkei, die schon nicht mehr national sinnvoll und durch staatliche Interessen gerechtfertigt waren.

Hinter den Protuberanzen der Französischen Revolution kam es noch zu zwei weiteren Teilungen des schwach gewordenen Polen (1792 und 1795). Rußland erhielt Wolynien, Podolien und den westlichen Teil von Weißrußland (wodurch, mit Ausnahme von Galizien, die Vereinigung der Ostslawen abgeschlossen war, oder nach damaligem Verständnis des *russischen Stammes* als Nachfolge der Kiewer Rus). »Rußland eignete sich nichts ursprünglich Polnisches an, es holte sich alle seine alten Länder und einen Teil von Litauen« (Kljutschewski). Preußen jedoch nahm sich rein polnisches Gebiet, einschließlich Warschaus.

Kaunitz stellte auch in diesem Zusammenhang fest, daß sich Katharina II. von dem Verlangen nach Einfluß in Westeuropa und von der Manie, sich mit fremden Angelegenheiten abzugeben, lenken ließ. (Hierzu kann man auch das nach Kljutschewskis Urteil »unsinnige« Abkommen mit Österreich von 1782 rechnen, aus den Donaufürstentümern Moldau und Walachei mit Bessarabien ein inexistentes »Dakien« zu bilden, Serbien und Bosnien an Österreich zu geben, Morea, Kreta und Zypern an Venedig.) Dershawin schreibt, daß sie »gegen Ende ihres Lebens an nichts anderes mehr dachte als an das Erobern neuer Reiche«. Ihre Einmischung in den französisch-österreichischen Konflikt war nicht nur eine fruchtlose, sondern auch eine schädliche Idee. Katharina II. führte sechs Kriege (einer von ihnen mit dem größten Blutvergießen in den Regierungszeiten unserer Zaren), und sie bereitete vor ihrem Tode den siebten vor – gegen das revolutionäre Frankreich.

Diesen Krieg übernahm unglücklicherweise *Paul I.* (1754 bis 1801). Die heldenhaften Feldzüge Suworows nach Italien und der Schweiz, die uns so begeistern (und ebenso die Schweizer, bis auf den heutigen Tag), waren für Rußland *absolut nicht nötig*, nur eine Vergeudung von Blut, Kräften und Geld. Dasselbe gilt für die nachfolgende Kehrtwendung: im Bündnis mit Napoleon gegen England zu kämpfen, die irrsinnige Entsendung der Donkosaken nach Indien. (Dershawin bezeugt, daß hierfür sechs Millionen Rubel ausgegeben wurden. Es gibt den mehr als begründeten Verdacht, daß die Verschwörung zur Beseitigung Pauls I. aus England gespeist wurde.)

Über die kurze Regierungszeit von Zar Paul I. und über seine Persönlichkeit gibt es widersprüchliche Beurteilungen. Kljutschewski nennt ihn einen »Antiadels-Zaren«, Professor Trefilow schreibt, daß Paul I. »sich die Bedürfnisse der leibeigenen Bauernschaft sehr zu Herzen nahm«. Das ist durchaus begründet. Wie sollte man es nicht anerkennen, daß er am Tage seiner Krönung (1797) den Frondienst auf drei Tage in der Woche beschränkte und anordnete, daß niemand am Sonntag zur Arbeit gezwungen werden dürfe, und daß er 1798 den Verkauf von Bauern ohne Land verbot. Das war ein wichtiger Einbruch in das Leibeigenschaftsrecht, keine Verschärfung mehr, sondern eine Milderung. Er hob auch den Erlaß Katharinas auf, der den Bauern verbot, gegen ihre Herrschaft Klage zu führen, und führte Beschwerdekästen ein. – Der unmittelbare Zeuge Dershawin aber schreibt (nicht frei von persönlicher Gekränktheit), er sei unberechenbar gewesen, habe viele Angelegenheiten nicht genügend erfaßt (in strittigen Fällen mit zwei Meinungen einfach angeordnet: »so hat es zu geschehen«). Ferner hält er fest, daß unter Paul vorher von Peter I. und Katharina II. geschaffene Institutionen ohne Not entstellt und »aufgrund von Verleumdungen viele ins Unglück gestürzt wurden«; daß Zar Paul bei seiner Thronbesteigung und Krönung »vorschnell und unüberlegt wahllos staatseigene Leibeigene verschenkte« und sie den besten staatlichen Ländereien entzog, »sogar vom Acker- und Gemüseland« wegholte. In der Umgebung Pauls, schreibt er, »war niemand auch nur im geringsten um das allgemeine Wohl des Vaterlandes, sondern nur um seinen persönlichen Nutzen und Luxus besorgt«. (Das können wir allerdings hochgestellten Persönlichkeiten vieler Länder und Zeiten vorwerfen, nicht nur in Monarchien, auch in den Superdemokratien bis hin zu den allerneuesten Staatsgebilden.)

Wie sollten wir, am Ende unseres Überblicks über das 18. Jahrhundert angelangt, uns nicht über die Kette der Irrtümer unserer Regierenden wundern, darüber, daß sie nicht darauf bedacht waren, was für das Leben des Volkes wesentlich war. Dabei hatte auch Lomonossow warnend festgestellt: »Gegen Westeuropa kann es bei uns nur eine Art Krieg geben – den Verteidigungskrieg.« Bereits gegen Ende des 17. Jahrhunderts hatte unser Volk eine lange Atempause gebraucht, statt dessen wurde auch das ganze 18. Jahrhundert hindurch seine Kraft vergeudet. Nunmehr waren doch anscheinend alle außenpolitischen nationalen Aufgaben erfüllt. Hätte man da nicht innehalten und sich voll und ganz dem inneren Aufbau zuwenden sollen? Nein! Auch damit waren die außenpolitischen Ambitionen der russischen Herrscher noch lange nicht zu einem Ende gekommen. Man sollte meinen, daß – wie S. Solowjow das ausgedrückt hat – die ungeheuren Weiten des russischen Staates »im russischen Volk keinen Drang nach etwas Fremdem haben entstehen lassen« – für das Volk trifft das zu, aber für die Regierenden? – und daß »dieser fehlende Drang nach etwas Fremdem in mangelnde Aufmerksamkeit gegenüber dem Eigenen übergehen konnte« – das geschah dann auch. – Eine ähnliche Beobachtung hat D. S. Pasmanik angestellt: dank der Weite Rußlands hat sich das russische Volk horizontal leicht entfaltet, ist aber aus demselben Grunde nicht vertikal gewachsen; die »aufrührerischen Köpfe« und die »kritischen Persönlichkeiten« wanderten ins Kosakentum ab (während man in Westeuropa in den Städten eng aufeinander lebte und kulturelle Werte schuf). Die russischen Herrscher reizte der Gedanke an Kolonien, doch mangelte es ihnen an hartnäckiger Konzentration.

Zu unserem Leidwesen ging das auch im 19. Jahrhundert noch lange so weiter. Das 18. und das 19. Jahrhundert verflossen bei uns in ihrer Haltung zu einer einheitlichen *Petersburger Periode*.

Zeitgenossen und Historiker sind sich in der Beurteilung des Charakters von *Alexander I.* (1777–1825) einig: ein romantischer Träumer, der »schöne Ideen« liebte und sie dann fallenließ, ein Mann mit »frühzeitig erschlafftem Willen«, inkonsequent, unentschlossen, unsicher, vielgesichtig. Unter dem Einfluß seines Erziehers César La Harpe, eines Schweizer Revolutionärs, maß er »den Formen der Regierung übertriebene Bedeutung« bei (Kljutschewski), machte sich gern Gedanken über eine liberale Verfassung für Rußland und nahm an ihrer Ausarbeitung teil – für eine Gesellschaft, die zur Hälfte den Status von Sklaven hatte –, schenkte dann aber diese Verfassung dem Polnischen Reich, das Rußland so um ein Jahrhundert vorauseilte. Immerhin hob er für die Priester die Möglichkeit der Körperstrafe auf (ein entsetzliches Relikt!) und genehmigte den Bauern, unabhängig von der Entscheidung ihres Gutsherrn die Ehe zu schließen. Er hegte auch eine verschwommene Neigung zur Befreiung der Bauern, allerdings ganz ohne Land (wie übrigens auch die Dekabristen), veranlaßte dann aber gar nichts außer (1803) dem »Gesetz über die freien Ackerbauern« – das die Freilassung bei freiwilliger Zustimmung des Gutsbesitzers und das Verbot einer erneuten Übereignung von Kronbauern an Gutsbesitzer vorsah. Willensschwäche zeigte Alexander auch gegenüber der Tätigkeit der Geheimgesellschaften, hatte er doch selbst in jungen Jahren an einer verhängnisvollen Verschwörung teilgenommen. »Man machte wahllos die Regierungstätigkeit des Zaren Paul schlecht und fing an, wahllos alles zu verunglimpfen, was dieser getan hatte«, schreibt Dershawin. Die Umgebung des Zaren »war vollgepfropft mit französischen und polnischen Verfassungsvorstellungen«, während »die Feinde des Vaterlandes den jungen Adel in Müßiggang, Wohlleben und Eigenwilligkeit gewähren ließen und so die Hauptbastion des Staates untergruben«. Zum Jahre 1812, bezeugt er, hatten die höchsten Würdenträger »den Staat in einen beklagenswerten Zustand gebracht«. Unter Alexander I. entwickelte sich die Bürokratie immer weiter.

Ja, Westeuropa geriet in jenen Jahren ins Schwanken und zerbrach, Napoleon richtete Staaten zugrunde und schuf neue, aber das betraf nicht Rußland mit seiner Randlage, seinen Weiten, die jeden Eroberer schreckten, und mit seinen Menschen, die so dringend der Ruhe und einer vernünftigen, fürsorglichen Administration bedurften. Weshalb nur mußten wir uns in die europäischen Angelegenheiten einmischen? Doch Alexander I. ging gerade in ihnen ganz auf und vergaß die russischen Probleme. (In der Art, wie er sich von den westlichen Ideen gefangennehmen ließ, ähnelte er stark Katharina II.) – Französische Historiker schreiben, Alexander I. sei von anglophilen Beratern umgeben gewesen und habe einen überflüssigen Krieg gegen Napoleon angefangen, den ihm England aufgehalst hatte: durch die Koalition mit Österreich (1805) und mit Preußen (1806). Was für Verluste kosteten uns diese überflüssigen Schlachten, diese »verwegene Tapferkeit der russischen Soldaten, von der die Franzosen keine Vorstellung hatten«. Jetzt konnte Alexander I. Napoleon Austerlitz nicht verzeihen und ließ neue Truppen gegen Frankreich ausheben. Zwar drohte ein Krieg mit der Türkei und Persien, doch Alexander bereitete eine langwierige Kampagne vor, um Napoleon über den Rhein zurückzuwerfen. Da überredete ein Abgesandter Napoleons den Sultan, dem Zaren den Krieg zu erklären.

Nunmehr suchte Alexander I., über Englands Beiseitestehen verärgert, Freundschaft mit Napoleon, und der Tilsiter Friede wurde geschlossen (1807). Man kann nicht umhin, diesen Schritt als den zu diesem Zeitpunkt für Rußland günstigsten anzuerkennen. Diese Linie der wohlwollenden Neutralität hätte man beibehalten sollen, ungeachtet des Murrens der Petersburger höchsten Salons (wo man übrigens auch zu einer neuen proenglischen Verschwörung fähig war) und der Gutsbesitzer, die wegen der Kontinentalsperre kein Getreide mehr exportieren konnten (so blieb mehr für Rußland). – Doch auch jetzt wollte Alexander keineswegs untätig bleiben. Der Tilsiter Friede und der beginnende Türkenkrieg waren für Alexander zuwenig: In demselben Jahr (1807) erklärte er England den Krieg; Napoleon »legte ihm nahe«, sich Finnland von Schweden zu holen, und Alexander marschierte (1808) in Finnland ein, nahm es Schweden weg – doch wozu? Es war nur eine weitere untragbare/unerträgliche Last für die russischen Schultern. Einen Zwischenfrieden mit der Türkei wollte er um den Preis des Truppenabzugs aus der Moldau und der Walachei nicht schließen. Wieder waren russische Truppen in Bukarest (Napoleon hatte Rußland »vorgeschlagen«, sich sowohl die Donaufürstentümer Moldau und Walachei zu nehmen, als auch obendrein die Türkei sich zusammen mit Frankreich zu teilen, was für Napoleon die Freilegung des Weges nach Indien bedeutete). Nach dem Umsturz in Konstantinopel gelüstete es Alexander noch mehr, die Türkei anzugreifen. Indessen, hätte er sich nicht auch ohne alle diese eskalierenden Eroberungen mit dem für Rußland so günstigen Frieden von Tilsit zufriedengeben können, in Ruhe abseits von den Auseinandersetzungen in Europa verharren und etwas für die Festigung und Gesundung im Inneren seines Landes tun können? Wie sehr sich Napoleon auch in Europa ausbreitete (immerhin blieb er in Spanien stecken), er tendierte nicht nach Rußland (versuchte nur, es aktiv an ärgerlichen Bündnissen zu beteiligen); bis zum Jahre 1811 bemühte er sich, einen Zusammenstoß mit Rußland zu vermeiden. *Es hätte den Vaterländischen Krieg nicht geben müssen!* nicht all seinen Ruhm, aber auch nicht alle seine Opfer, wären nicht Alexanders Fehlhandlungen gewesen. (Aus dem Krieg mit der Türkei, der 1809 nicht hatte beendet werden können, weil Alexander die Unabhängigkeit Serbiens gefordert hatte – da hatte die panslawistische Idee schon gezündet! –, waren wir fast durch ein Wunder, dank Kutusows Einsatz, noch im Jahre 1812 herausgekommen, einen Monat vor Napoleons Einmarsch; der persische Krieg dauerte trotzdem noch ein Jahr.)

Jedoch unter größter Anspannung und mit einem niedergebrannten Moskau (es ist kaum bekannt, daß dabei in Moskauer Krankenhäusern 15000 Russen, Verwundete von der Schlacht bei Borodino, verbrannt sind) haben wir den Vaterländischen Krieg gewonnen. Hätte man da nicht an der eigenen Grenze haltmachen sollen? (Es gab unter den Generälen solche Stimmen.) Nein, Rußland mußte mithelfen, in Europa Ordnung zu schaffen (und sich für die Zukunft zwei mächtige Imperien zu Gegnern machen, Österreich und Deutschland). Nach der Schlacht bei Lützen, schreibt Kljutschewski, »hätte Alexander in einem Sonderfrieden von Napoleon alles bekommen können«, doch »in der Idee der selbst aufgebürdeten Mission einer allumfassenden Befriedung ging das Denken an die russischen Interessen unter«, und »wir verloren auf den Schlachtfeldern von Lützen und Bautzen, Dresden, Leipzig usw. eine ganze Armee, machten Hunderte von Millionen Schulden, ließen den Wert des Silberrubels auf 25 Kopeken fallen, erschwerten unsere Entwicklung auf Jahrzehnte«. (Und wir entsandten auch noch in den »Hunderttagekrieg« großzügig unsere 225000 Soldaten. Jetzt war Alexander in seinem Zorn bereit, den Krieg »bis zum letzten Soldaten und bis zum letzten Rubel« zu führen.) – Trieb Alexander die russischen Truppen aus monarchischen Erwägungen nach Paris, um die Macht der Bourbonen wieder herzustellen? – Nein, in dieser Sache schwankte er bis zum letzten Moment (dafür sorgte Talleyrand) und zwang die Bourbonen, einen Eid auf die Verfassung zu leisten, machte Ludwig XVIII. auch etwas mit liberalen Vorstellungen vertraut. Suchte er territoriale Entschädigungen für Rußland nach einem siegreichen Krieg mit so hohen Blutverlusten? Nein, er stellte 1813 Österreich und Preußen keinerlei Vorbedingungen für seine Hilfe. Das einzig Vernünftige, was er hätte tun können, wäre gewesen, Galizien dem russischen Besitz einzuverleiben und damit die Vereinigung der Ostslawen abzuschließen (von was für zerstörerischen Problemen hätte er damit unsere Geschichte für die Zukunft befreit!). Österreich klammerte sich damals nicht besonders an Galizien, ihm war mehr daran gelegen, sich Schlesien zurückzuholen, Belgrad, die Donaufürstentümer Moldau und Walachei anzugliedern, um ein Gebiet von der Adria bis zum Schwarzen Meer zu haben. Doch Alexander nutzte die in dieser Situation für Rußland so reale Möglichkeit nicht. Nein, bis ins Mark von »schönen Ideen« durchdrungen und ohne am Beispiel gerade Österreichs zu erkennen, welchen Schaden die führende Nation eines Staates von der Schaffung eines Vielvölkerimperiums hat, forderte er, Rußland den zentralen Teil des geteilten Polen anzugliedern, das Herzogtum Warschau, um dieses unter Hinzufügung russischer Gouvernements als »Polnisches Zarenreich« mit seiner persönlichen gnädiglichen Fürsorge und einer fortschrittlichen Verfassung zu beglücken. So bekam er für Rußland ein Jahrhundert lang noch ein vergiftetes Geschenk, einen weiteren Aufstandsherd, noch eine Last auf die russischen Schultern und noch einen weiteren Grund für die polnische Feindschaft gegen Rußland.

Die Kriege mit Persien hatten bereits eine lange Geschichte. Ihr Hauptsinn lag in der Verteidigung Georgiens. Das hatte schon unter Boris Godunow angefangen, an den sich der georgische Zar Alexander geklammert hatte. Religiösem Denken schien es notwendig und natürlich, dem jenseits des Kaukasus bedrängten christlichen Volk zu helfen.

Die Interessen des russischen Volkes und des russischen Staates wurden auch da in den Hintergrund geschoben. 1783 wandte sich der georgische Zar Herakleios II. mit derselben Bitte an den russischen Zaren. In ihrem letzten Regierungsjahr entsandte Katharina eine Armee von 43000 Mann nach Aserbeidschan, Paul ließ sie zurückkommen. Unter Alexander lebten die Kriegshandlungen wieder auf, Dagestan wurde erobert – *zu welchem russischen Zweck?* Um auf dem Kaspischen Binnenmeer Schiffe fahren zu lassen? Vor Tilsit hatte auch Napoleon den persischen Schah zu einem Einmarsch in Georgien gedrängt, nach Tilsit war es schon nicht mehr dieser, sondern England gewesen. Aufgrund des Friedens von 1813 wurde Rußland ganz Georgien und Dagestan zuerkannt – ein gefährliches Eindringen in immer neue und für Rußland überflüssige Fallen.

In der zweiten Hälfte seiner Regierungszeit verfiel Alexander I. dem Konservatismus. Als Seele der Heiligen Allianz ging er so weit, daß er 1817 darauf bestand, der Bitte des spanischen Königs zu entsprechen, Truppen zur Unterdrückung der aufständischen südamerikanischen Kolonien zu entsenden – das hatte den russischen Truppen noch gefehlt! (Metternich hat ihn davon abgebracht.) 1822 setzte sich Alexander vehement dafür ein, die Revolution in Spanien selbst niederzuschlagen. Andererseits war er bereit, den Aufstand der christlichen Griechen gegen die Türken mit russischen Kräften zu unterstützen. Er führte Verhandlungen mit England über ein gemeinsames Vorgehen, doch da ereignete sich das, was man als sein Ableben bezeichnet.

Nikolaus I. (1796–1855) war der Ansicht, daß er vor allem ein *russischer* Herrscher wäre, und stellte die russischen Interessen höher als die gemeinsamen Interessen der europäischen Monarchen, daher setzte er sich von der Heiligen Allianz ab. Doch als unerschütterlicher Feind jeglicher Revolutionen hielt er das nicht durch: 1830 war er bereit und bemüht, die deutschen Monarchen zu überreden, gemeinsam die Julirevolution in Frankreich zu unterdrücken, anschließend auch in Belgien (doch da kam der polnische Aufstand dazwischen); ebenso bot er 1848 dem preußischen König russische Truppen zur Niederschlagung der Berliner Revolution an; 1848–49 setzte er dann tatsächlich ein riesiges russisches Heer für eine uns fremde und schädliche Aufgabe in Marsch: die Habsburger vor der ungarischen Revolution zu schützen. Noch ein weiteres Mal unterstützte er die Habsburger, nämlich gegen Preußen (1850) – mit was für einem Nutzen für Rußland? Dafür gibt es keine Erklärung. Wenn man sich noch die vielen Einzelheiten näher betrachtet, dann sehen unsere ständigen Hilfsaktionen für Österreich noch törichter aus. (Zum Dank fiel Österreich im Krimkrieg dann Nikolaus I. in den Rücken.) 1848 entsandte Nikolaus I. Truppen in das Gebiet der Moldau und Walachei zur Unterdrückung der dortigen Unruhen – und das noch dazu gemeinsam mit der Türkei gegen die christliche Bevölkerung. Um lauter fremde Angelegenheiten kümmerten wir uns. Die russische Diplomatie blieb auch in der langen Amtszeit Nesselrodes stümperhaft, kurzsichtig und handelte nicht im eigentlichen russischen Interesse.

Die totale und beharrliche Ablehnung von Nikolaus I. durch die gesamte russische liberale Gesellschaft während des ganzen 19. Jahrhunderts (auch Tolstoi stand bedauerlicherweise nicht abseits), die später unter den Bolschewiken immer wieder hochgespielt wurde, hat ihren Ursprung vor allem darin, daß Nikolaus I. den Aufstand der Dekabristen unterdrückt hat (ohne Mühe hängte man ihm auch noch Puschkins Tod an). Heute irritiert es schon niemanden mehr, daß einige Punkte aus dem Programm der Dekabristen Rußland eine revolutionäre Tyrannei versprachen, daß mancher Dekabrist bei den Verhören klar bekannte, daß Freiheit nur auf Leichen aufgebaut werden könne. (Wir wollen auch folgende Einzelheiten nicht auslassen: Der Zar Nikolaus war aus dem Winterpalais zu der aufgebrachten Menge hinausgegangen. Man hatte auf ihn geschossen, ebenso auf seinen Bruder Michail, man hatte den General Miloradowitsch getötet – und trotzdem gab Zar Nikolaus noch immer nicht den Befehl zu schießen, um die Menge aufzulösen. Wir Menschen mit sowjetischer Erfahrung sollten das eigentlich zu würdigen wissen: *Sämtliche* unteren Dienstgrade wurden nach vier Tagen begnadigt; bei den Verhören der 121 verhafteten Offiziere gab es keinerlei Druck, keine Verfälschung; von den vom Gericht zum Tode verurteilten 36 Menschen begnadigte Nikolaus I. 31. Und am Tage der Hinrichtung der fünf Hauptverschwörer wurde in einem Manifest bezüglich der Verwandten aller Verurteilten verkündet: »Verwandtschaftliche Bande geben an die Nachkommen den Ruhm weiter, den ihre Vorfahren durch ihr Handeln erworben haben, sie lassen aber nicht den Schatten von Ehrlosigkeit, persönlichen Lastern oder Verbrechen auf sie fallen. Möge keiner wagen, jemandem irgendeinen Vorwurf wegen seiner Herkunft zu machen.« (So hätte es in unserem sowjetischen

Jahrhundert sein sollen.) Als der polnische Sejm auf der Grundlage *seiner* Gesetze die polnischen Dekabristen begnadigte, war Zar Nikolaus aufgebracht, hat aber das Gesetz geachtet und die Begnadigung bestätigt.

Französische Historiker des 19. Jahrhunderts, die Nikolaus I. von außen sehen, schreiben über ihn: »Fleißig, korrekt, arbeitsam... sparsam« sei er gewesen; (an der letztgenannten Eigenschaft mangelte es unseren Zaren nach Peter I. – einschließlich Katharina – schon sehr). Von vielen seiner Vorgänger hob sich Nikolaus I. gerade dadurch ab, daß er beharrlich auf das Wohl des Staates und die Wahrung der russischen Interessen bedacht war. Jedoch die langjährige schrankenlose Macht über das unübersehbare Imperium verfestigte in ihm eine übertriebene Einschätzung der Möglichkeiten seines eigenen *Willens*, die durch seine unnachgiebige Gradlinigkeit noch vergrößert wurde. Das führte dann auch zu den unglücklichen Ereignissen am Ende seiner Regierungszeit.

Inzwischen hatte die Leibeigenschaft, die seit Peter III. bereits über sieben Jahrzehnte jeglichen Sinn für den Staat verloren hatte, wie Kljutschewski vermerkt, grausame und unsinnige Ausmaße angenommen. Sie hemmte die Entwicklung der Landwirtschaft an sich und die Produktivität des ganzen Landes, hemmte auch die gesellschaftliche und geistige Entwicklung. »Der neue Kaiser hatte seit Beginn seiner Regentschaft die Kühnheit, die Bauernfrage anzupacken«, »der Gedanke an die Befreiung der Bauern beschäftigte den Kaiser in den ersten Jahren seiner Regierung«, aber »die Änderungen wurden vorsichtig und ohne darüber zu reden abgewogen«, »geheimgehalten vor der Gesellschaft« (im Grunde genommen wegen der Befürchtung eines starken Widerstands von seiten des Adels). »Diese an sich, schon in ihren einzelnen Maßnahmen schwierigen Reformen stellten in ihrer Gesamtheit einen Umbruch dar, dem schwerlich irgendeine Generation gewachsen sein konnte.« Der Kaiser wurde durch die Warnungen seiner Umgebung ganz verunsichert. Aber »eine allzusehr verlangsamte Reform verliert viele Voraussetzungen für ihren Erfolg«. Nikolaus I. »wählte sorgsam Menschen aus, die dieses wichtige Vorhaben durchführen konnten« – und entschied sich für den Grafen P. D. Kisseljow, »den besten Verwaltungsbeamten jener Zeit« (Kljutschewski). Kisseljow, der sich die fähigsten gebildeten Mitarbeiter zusammenholte, erhielt die Aufsicht über die Staatsbauern, von denen es 17–18 Millionen gab (gegenüber 25 Millionen Leibeigener im Privatbesitz bei einer Gesamtbevölkerung von 52 Millionen). Er bekam das Recht, den Gutsbesitzern Bauern abzukaufen, auch das Recht, sie diesen wegen grausamer Behandlung wegzunehmen – und ging energisch ans Werk. Es folgten ein Verbot, Bauern einzeln zu verkaufen (1841), ein weiteres Verbot für Adlige ohne Grundbesitz, Bauern zu kaufen (1843), und noch andere Gesetze zur Erleichterung des Loses der Bauern bei Freikauf und beim Erwerb von Immobilien (1842, 1847). »In ihrer Gesamtheit mußten diese Gesetze den Blick auf die Leibeigenen von Grund auf ändern«: daß »ein leibeigener Mensch nicht einfach ein Besitz einer Privatperson ist, sondern vor allem ein Untertan des Staates«, und daß »der Bauer persönliche Freiheit geschenkt erhält, nicht durch Freikauf« (Kljutschewski).

Der Blick auf die Leibeigenen änderte sich aber nicht. Unsere verdammte Leibeigenschaft, an der keinen Anstoß zu nehmen für den Adel auf seinen poetischen Gütern so bequem war, in die auch schon Millionen Bauern seelisch hineingewachsen waren, lastete noch weitere anderthalb Jahrzehnte auf Rußland.

Nikolaus I. setzte die Versuche Alexanders I. fort, die Griechen bei ihrem Aufstand gegen die Türken zu unterstützen, und übersandte bald nach seiner Thronbesteigung, 1826, der Türkei eine ultimative Note. Diesen Ton behielt er bei, obwohl inzwischen (in demselben Jahr) der Krieg mit Persien begonnen hatte, und erreichte 1826 im Frieden von Akkerman eine weitere Festigung der russischen Rechte und des russischen Handels in den türkischen Häfen sowie Zusagen für Serbien. (Unsere »Balkanidee« erstarkte… Viele Fehler beging Nikolaus I. durch seine Unbesonnenheit.) Nachdem England und Frankreich 1827 Rußland noch unterstützt hatten (in der Seeschlacht in der Bucht von

Navarino), hörten sowohl diese Staaten als auch ganz Europa auf den Aufruf des Sultans, »Rußland sei der ewige und unbezwingbare Feind der Mohammedaner, der die Zerstörung des Ottomanischen Imperiums im Schilde führe« (das 1826 durch die Vernichtung der Janitscharentruppe erheblich geschwächt war). In dieser Situation wäre es für den russischen Kaiser ein nüchterner Schritt gewesen, innezuhalten. Doch unter fadenscheinigem Vorwand begann Zar Nikolaus 1828 einen Krieg gegen die Türkei, wobei er durch seine Betonung der »russischen Interessen« in der Moldau, in der Walachei und in Serbien Europa immer mehr gegen sich aufbrachte. Rußland hatte großen Erfolg an der Kaukasusküste (von Anapa bis Poti) und in Transkaukasien (Eroberung von Achalziche, Kars und Erserum, Vormarsch fast bis Trapezunt, schon auf ursprünglich türkischem Territorium). Dem standen Mißerfolge auf dem Balkan gegenüber. (Dort überstiegen die Paradequalitäten unserer Truppen ihre Kampfstärke, aus finanziellen Gründen besaß Rußland keine Gewehre mit gezogenen Läufen, die Aufklärung war schwach. Andererseits hat Helmuth von Moltke in seiner Analyse dieses Krieges die Zähigkeit des russischen Soldaten, der alles ertrüge, sehr gelobt.) Immerhin marschierte unser Heer 1829 bereits durch Bulgarien (wo es uns als Slawen sehr verwunderte, daß wir auf uns keineswegs wohlgesonnene Bulgaren stießen) und eroberte Adrianopel (die Türkei war erschüttert), aber damit hatten wir uns auch verausgabt. Wir erreichten (wieder in Vertretung fremder Interessen) die Unabhängigkeit Griechenlands und für Serbien einen Vasallenstatus gegenüber der Türkei, ferner für Rußland freie Durchfahrt durch den Bosporus. In diesem (dem sechsten) Türkenkrieg erzielte Rußland seinen größten außenpolitischen Erfolg, aber es gab auch nichts, was es für sich selbst noch hätte anstreben sollen.

Es ging aber weiter: Zar Nikolaus übernahm es vier Jahre später, die Türkei vor dem ägyptischen Pascha zu *retten*, der sich erfolgreich gegen die Türkei erhoben hatte: die russische Flotte eilte nach Konstantinopel, um dem Sultan beizustehen. Was für russische Interessen!

Durch den Krieg gegen Persien aber hatten wir inzwischen Armenien befreit.

Die Verantwortung für Georgien und Armenien nötigte Rußland zu einem neuen langen – sechzigjährigen! verlustreichen – Krieg: zur Unterordnung des Kaukasus. Hätte Rußland das uns fremde Transkaukasien nicht berührt, wäre die Unterwerfung des Kaukasus nicht notwendig gewesen: Wir brauchten nur in den nördlichen Vorgebirgen vor dem eigentlichen Kaukasusmassiv eine starke Verteidigungslinie mit Kosaken gegen die ständigen räuberischen Überfälle der Bergvölker zu unterhalten, das hätte voll ausgereicht. Der Kaukasus war ja kein einheitlicher Staat, sondern ein Gemisch zahlreicher Stämme mit verschiedenen Sprachen. Eine Gefahr bedeutete er für Rußland als Staat besonders nach der Schwächung der Türkei nicht. (Es gab da einen Augenblick, da war Nikolaus I. schon bereit, Schamils Staat anzuerkennen, doch dann erklärte dieser, ein echter Kaukasier, er werde bis Moskau und bis Petersburg ziehen.) Indessen haben wir auch im 19. Jahrhundert immer weiter und weiter fremde Rechnungen beglichen. Die Kosten für den Kaukasus und Transkaukasien überstiegen bis zur Revolution die von dort erzielten Einnahmen: das russische Imperium *zahlte* für das Glück, dieses Territorium zu besitzen. Dabei hat es, das sei festgehalten, »nie die fremden Sitten zerstört« (Kljutschewski).

Ein ähnliches Problem ergab sich mit Chiwa und Buchara, die schon in den dreißiger und vierziger Jahren regelmäßig Angriffe über die südlichen Grenzen Rußlands unternahmen: tief in der Wüste zwei starke Staaten, die viele Gefangene, darunter auch Russen, als Sklaven hielten, die sie von den bis ins untere Wolgagebiet reichenden Überfällen der Turkmenen und »Kirgisen« (Kasachen) bekamen. Diese Entführten wurden in Chiwa und Buchara auf Sklavenmärkten verkauft. Man hätte gegen diese Einfälle entweder eine starke Verteidigungslinie errichten oder diesen Raum erobern müssen. (Lag da nicht irgendwo der Weg nach Indien? Drohte da ein Zusammenstoß mit England?) 1839–40 unternahm Perowski einen Eroberungsfeldzug durch die Wüste über tausend Werst, aber ohne Erfolg.

Zweimal, 1831 und dann 1863, zahlte Rußland für die töricht-
träumerische Idee Alexanders I., Polen unter seine »Vormund-
schaft« gestellt zu haben. Wie wenig Empfinden mußte ein
Mensch für seine Zeit, sein Jahrhundert haben, um so ein hoch-
entwickeltes, kultiviertes und aktives Volk wie die Polen in seinem Imperium in einer untergeordneten Rolle halten zu wollen!
(Die beiden polnischen Aufstände lösten große Sympathien in
Westeuropa aus und brachten Rußland neue Feindseligkeit und
Isolierung.)

Jahrzehnte dauerte die Unstetigkeit der unüberlegten Diplomatie von Nesselrode unter Zar Nikolaus an: erst (1833) ein
Vertrag mit Österreich und Preußen über den Kampf gegen die
revolutionären Bewegungen; dann (1833) ein Verteidigungs-
bündnis mit der Türkei zum Schutz gegen jegliche innere und
äußere Gefahr (was die Staaten Westeuropas verärgerte und den
ersten Anstoß zum künftigen Krimkrieg gab); dann (1840) ein
Geheimabkommen mit England: Rußland werde gegenüber der
Türkei nur als Bevollmächtigter Europas handeln (wozu solche
fesselnden Verpflichtungen?); dann (1841) wieder eine Weige-
rung Rußlands, den westlichen Staaten die Unversehrtheit und
Unabhängigkeit des Ottomanischen Imperiums zu garantieren;
dann (ab 1851) eine intensive Einmischung in den oberflächlichen
Streit zwischen Katholiken und Orthodoxen über die Priorität
an den heiligen Stätten in Palästina (belastet auch durch einen
persönlichen Streit zwischen Nikolaus I. und Napoleon III.),
der rasch in eine gesamteuropäische politische Auseinandersetzung überging. – Dem englischen Botschafter gegenüber eröff-
nete sich Zar Nikolaus: »Die Türkei ist ein kranker Mann«, der
kann plötzlich sterben; im Falle einer Teilung der Türkei könne
sich England ruhig Ägypten und Kreta nehmen, während die
Moldau, die Walachei, Serbien und Bulgarien ihre Unabhängigkeit unter dem Schutz Rußlands finden sollten – nicht als Teil
des Russischen Reiches, denn es wäre gefährlich, das ohnehin
riesige russische Imperium noch zu vergrößern. (Das hatte er
begriffen, aber die panorthodoxe und die panslawistische Idee
trieben ihn in verhängnisvoller Weise zu einer Vergrößerung in

anderer Form.) Der russische Botschafter in Konstantinopel forderte, die Frage der heiligen Stätten so zu lösen, daß Rußland das Protektorat über die gesamte orthodoxe Bevölkerung des Ottomanischen Reiches übertragen werde. Als der englische Botschafter in Konstantinopel begann, die Frage der heiligen Stätten geschickt und zur allgemeinen Zufriedenheit zu bereinigen, forderte der russische Botschafter »unumstößliche Garantien innerhalb einer Frist von fünf Tagen« für den Schutz der orthodoxen Christen und verließ danach mit entsprechenden Drohungen die Stadt.

Die russische Regierung hatte offensichtlich nicht begriffen, daß England infolge der führenden Position Rußlands in Europa nach dem Sieg von 1814 für das nächste Jahrhundert ein Feind Rußlands geworden war. Jetzt brachte Rußland ganz Europa gegen sich auf. Die Türkei aber hatte uns die freie Durchfahrt durch die Meerengen schon 1829 garantiert – was wollten wir mehr? (Im Falle eines europäischen Krieges hingegen konnte, wer wollte, die Dardanellen mit Leichtigkeit von außen abriegeln.) Aber schon war ein halbes Jahrhundert vergangen, ohne daß sich Rußland, nachdem es das Schwarze Meer erreicht hatte, dort eine starke moderne Flotte (wenigstens zum Teil mit Schraubenantrieb) gebaut hätte, es verfügte nur über Segelschiffe. (Ganz zu schweigen davon, daß wir es nicht vermocht hatten, das Küstengebiet am Schwarzen Meer landwirtschaftlich zu erschließen, es fehlte uns auch an entsprechender Wirtschaftskultur. Überall in dem weiten Rußland riefen und ächzten bis dahin ungelöste, verworrene oder noch nicht in Angriff genommene innere Probleme.) Nikolaus I. hatte auch den Grad des technischen und taktischen Rückstands unserer Armee nicht erkannt: keine zerstreute Ordnung, keine Schützengrabenausbildung, eine Kavallerie, die ans Reiten in der Manege und nicht an Attacken gewöhnt war. Auch übersah er die schon zu jener Zeit vorhandene erhebliche Erbitterung der russischen Gesellschaft über seine Administration (so daß sich erstmals der *Wunsch nach einer Niederlage* der eigenen Regierung abzeichnete). Zar Nikolaus aber zweifelte nicht an einer Unterstützung durch England und Preußen. (Indessen: Österreich drohte eine russische Umklammerung schon von der dritten Seite; England war zusätzlich durch die Etablierung Rußlands am Syr-Darja aufgeschreckt; Napoleon III. suchte nach einer Gelegenheit, sich als neuerschienener Imperator zu beweisen; Viktor Emanuel II. wollte Sardinien einen Platz unter den europäischen Mächten verschaffen; in der Türkei gab es einen von Ägypten und Tunis unterstützten patriotischen Aufschwung; Preußen schloß sich praktisch den Forderungen der Koalition an.) Nikolaus I. aber drängte seinen Hals geradezu in die Schlinge, was war das doch für eine anmaßende Selbstüberschätzung! Er wies mehrere Vorschläge für Verhandlungen zurück. (Eigentlich hätte er schon nach der Erfahrung des Jahres 1790 diese höchst gefährliche Konfiguration aller europäischen Staaten gegen Rußland durchschauen müssen.)

Der Verlauf des Krieges ist bekannt. Nach dem großen russischen Seesieg bei Sinope über die Türken stieß die englisch-französische Flotte ins Schwarze Meer vor. Wir versuchten nicht einmal, die Landung der Verbündeten bei Eupatoria zu vereiteln (obwohl die englische Presse sie vorher angekündigt hatte), und nutzten unsere gewaltige Überlegenheit an Kavallerie und in der Zahl der Bajonette nicht aus, sondern marschierten in geschlossenen Bataillonen in das heftige Schützenfeuer der Franzosen. (Übrigens hieß es auf französischer Seite über den »russischen Gegner, er sei mit den seltensten militärischen Vorzügen begabt gewesen, furchtlos, standhaft, unverzagt, nach jeder Niederlage habe er sich mit neuer Energie in den Kampf gestürzt«.) Die österreichische Bedrohung zwang die russische Heeresleitung, alle ihre Eroberungen auf dem Balkan und die Donaufürstentümer aufzugeben. Sewastopol errichtete sich selbst die notwendigen Fortifikationen unter Pionieroberstleutnant von Totleben und hielt bis zum August 1855 elf Monate gegen die Belagerung stand.

Doch ein halbes Jahr zuvor, im Februar 1855, war Nikolaus I. gestorben (unter Umständen, die auch Rätsel aufgaben). Ein Regierungswechsel bedeutet immer einen Umschwung der Politik, einen schroffen Wechsel der Berater, und *Alexander II.* (1818–1881) gab nach der sinnlosen Schlacht am Tschornaja Fluß (wo unsere Verluste viermal so hoch wie die des Gegners waren) den Ratschlägen der Nachgiebigen, jetzt zu kapitulieren, nach.

Aus unserem historischen Abstand ist es klar: Es war ein selbstherrlicher Wahnsinn, den Krimkrieg zu beginnen. Doch nach zwei Jahren Krieg, nach dieser Standhaftigkeit von Sewastopol und so vielen Todesopfern – mußte man da so nachgiebig sein? Die Sewastopoler Garnison hatte wohlgeordnet die stark befestigte Nordseite besetzt; sie war zwar zahlenmäßig der antirussischen Koalition unterlegen, aber durch das lange Ausharren bei der Belagerung hervorragend kampferprobt. Die Krimarmee hatte weder Mangel an Munition noch an Proviant (täglich erhielt jeder Soldat ein Pfund Fleisch), auch war sie nicht vom russischen Territorium abgeschnitten und hätte auch einen zweiten Winterfeldzug durchgestanden. Von Rußland her fehlte es an guten Straßen, doch hätte es mehr den Truppen der verbündeten Gegner erschwert, im wegelosen Gebiet anzugreifen (hinzu kam, daß deren Seeverbindung zur Heimat ohnehin schon 4000 km betrug). Außerdem »hatten die Truppen der Koalition infolge nationaler Eitelkeit während des ganzen Krieges kein gemeinsames Oberkommando, die drei Armeen besaßen drei getrennte Generalstäbe«, die wie Diplomaten jede Operation miteinander abstimmten. Dann kam dazu, daß »die Engländer, an großen Komfort gewöhnt, auf das rauhe Klima vollkommen unvorbereitet waren und Unternehmungsgeist und Kampfeslust verloren hatten... Eine entsetzliche Sterblichkeit herrschte unter ihnen: von den 53 000 Mann, die aus England eingetroffen waren, blieben im Frühjahr 1855 nur noch 12 000 einsatzfähig«. Österreich drohte, nachdem die Russen sich vom Balkan zurückgezogen hatten, nicht mehr mit einem Angriff, auch standen erhebliche russische Reservearmeen an der österreichischen Grenze, ebenso in Polen, auch im Kaukasus und am Finnischen Meerbusen (wo die baltische Flotte Angriffe der Seestreitkräfte der Koalition erfolgreich zurückgeschlagen hatte). Im Frühjahr

1856 betrugen die Streitkräfte Rußlands 1 900 000 Mann, das war mehr als zu Beginn des Krieges. Nach Meinung S. Solowjows (dem man übrigens 1851 verbot, öffentliche Vorlesungen zur russischen Geschichte zu halten) handelte es sich um »einen schrecklichen Frieden, wie ihn die russischen Herrscher seit dem Prut-Frieden (der so entwürdigend für Peter I. gewesen war) nicht mehr geschlossen hatten«. Er vertritt die Auffassung, »man hätte erklären müssen, daß der Krieg nicht aufhöre, sondern erst anfange, um die Koalition zur Beendigung zu zwingen«. Der Kampf um das russische Land (falls die Koalition noch zu einem Vormarsch ins Innere Rußlands in der Lage gewesen wäre) hätte möglicherweise den russischen Geist des Jahres 1812 wieder aufleben lassen, der Geist der Koalition aber hätte nachgelassen.

Dieser übereilte Frieden (von 1856, aufgrund dessen Rußland sowohl das Recht verlor, eine Kriegsflotte im Schwarzen Meer zu unterhalten, als auch das Donaudelta abtreten mußte) war ein übler Regierungsbeginn für Alexander II., doch auch der erste Sieg der öffentlichen Meinung. (Die russischen Liberalen fürchteten Erfolge der russischen Waffen: gaben solche doch der Regierung noch mehr Stärke und Selbstsicherheit. Sie waren erleichtert durch den Fall von Sewastopol.) Alles zusammen war eine genaue und verhängnisvolle Vorankündigung des Jahres 1904. (Später hat Alexander gesagt: »Es war schändlich von mir, daß ich auf diesen Frieden eingegangen bin.«)

Statt dessen führte Alexander II. die Bauernreform mit einer (bei seiner »zaghaften Ängstlichkeit«) für ihn ungewöhnlichen Energie durch, wobei er sich gegen den Widerstand des Adels auf die uneingeschränkte Macht seiner Autokratie stützte. 1857 begann ein Geheimkomitee für Bauernangelegenheiten seine Arbeit, das zu Beginn weder Informationen über die Sachlage noch einen Plan hatte, ob man die Bauern mit oder ohne Land frei lassen sollte. Im Sommer 1858 wurden die dem Staate und der Krone gehörenden Bauern von ihren Abgaben befreit, was ihnen die wirtschaftliche Freiheit gab, die persönliche Freiheit hatten sie bereits. In den Redaktionskommissionen zur Reform gab es lange Auseinandersetzungen, wer das Land bekommen und ob man die Bauerngemeinden erhalten solle, man arbeitete recht zerfahren. Schließlich forderte Alexander, das Manifest müsse zum sechsten Jahrestag seiner Thronbesteigung fertig sein. Der entscheidende Schritt war getan (1861), doch zweifellos auch mit Irrtümern. Kljutschewski formulierte dreißig Jahre danach: »Es setzten andere Grundprinzipien der Lebensweise ein. Wir kennen diese..., doch wir kennen nicht ihre Folgen.« Tatsächlich bekamen wir *alle* Folgen erst im 20. Jahrhundert zu spüren.

Im persönlichen Besitz der Bauern blieben nur ihre Gehöfte. (Taucht da nicht das Gespenst der stalinschen Kollektivierung auf?) Der Boden aber wurde zum Teil den Gutsbesitzern aufgrund ihres Widerstandes belassen, zum Teil den Bauerngemeinden übergeben (wohl aufgrund des slawophilen Glaubens an diese Institution). Die Zuteilung von Land an die Bauern, die in den verschiedenen Teilen des Landes unterschiedlich ausfiel, war unzureichend und kostete viel: die Bauern mußten für das »Adelsland« Ablösung zahlen. (Gerade damit konnten sie in ihrer Vorstellung nichts verbinden.) Sie besaßen aber nichts, woher sie dieses Geld hätten nehmen sollen, hatten sie bis dahin doch für alles entweder mit ihrer Arbeit oder mit ihren Produkten gezahlt; außerdem überstiegen die festgesetzten Beträge in einigen Gebieten erheblich die Ertragsfähigkeit des Bodens und waren unzumutbar. Nun gewährte der Staat den Bauern zur Bezahlung der Ablösung *Darlehen* (4/5 des erforderlichen Betrages), und zwar auf 49 Jahre, jedoch zu 6 %. Diese Zinsen summierten sich mit den Jahren und traten zu den Abgaben hinzu. (Erst die Ereignisse vom Anfang des 20. Jahrhunderts setzten der Anhäufung dieser Schulden und der Rechnung dieser 49 Jahre ein Ende.) Manchenorts blieben auch zeitweilig die Verpflichtungen der Bauern zur Abarbeitung durch Arbeitsleistung erhalten. In vielen Gebieten verloren die Bauern infolge der *Befreiung* ihr Recht auf Wald- und Weidenutzung. Das Manifest vom 19. Februar 1861 schenkte persönliche Freiheit, doch für den russischen Bauern war der Besitz des Bodens und seiner Gaben wichtiger als die persönliche Freiheit. Das Manifest löste in der Bauernschaft auch Unverständnis aus, stellenweise gab es auch Unruhen, man wartete auf ein weiteres, ein *anderes* Manifest, ein freigebigeres. (Westliche Historiker geben dagegen vergleichende Kommentare wie den folgenden ab: »Trotz aller Beschränkungen erwies sich die russische Reform unendlich großzügiger als die entsprechende Reform in den benachbarten Ländern Preußen und Österreich, wo den Leibeigenen eine ›völlig nackte‹ Freiheit, ohne das kleinste Stückchen Land gegeben wurde.«)

Wegen der Dorfgemeinschaftsstruktur ließ die Reform die Bauern im Grund auch ohne volle persönliche Freiheit. Der ganze Bauernstand blieb von den anderen Ständen abgesondert (*es gab kein* gemeinsames Gericht, *keine* gemeinsame Rechtsordnung). Um die praktische Umsetzung zu ermöglichen, wurde zeitweilig die Institution der *Friedensvermittler* aus der Mitte der lokalen Adligen eingeführt, doch das war unzureichend: Die Reform hatte damit eine weitere wichtige Betreuungsinstanz in der Verwaltung nicht geschaffen, die im Laufe etlicher Jahre den Bauern geholfen hätte, die schwierige psychologische Umstellung bei der vollständigen Veränderung ihrer Lebenssituation und der Anpassung an den neuen Lebensrhythmus zu vollziehen. Der in allem überforderte Bauer war nicht nur dem *Marktsystem* ausgeliefert, sondern ihm waren auch noch die Hände durch die Dorfgemeinde gebunden. Die Bauernschaft hatte die Hauptlast der staatlichen Steuern zu tragen, wußte aber nicht, wo sie das Geld hernehmen sollte. So geriet der Bauer in die Hände gewissenloser Aufkäufer und Wucherer. – Wohlbegründet schrieb Dostojewski besorgt über die Zeit nach der Reform: »Wir leben in einer außerordentlichen Übergangszeit, vielleicht der schicksalhaftesten in der ganzen Geschichte des russischen Volkes.« (Heute fügen wir mit noch mehr Begründung die aktuelle Gegenwart hinzu.) Er schrieb: »Die Reform von 1861 erforderte ein Höchstmaß an Behutsamkeit. Doch das Volk stieß auf eine entfremdete Oberschicht und den Schankwirt.« Dostojewski ergänzte noch: »Die moralisch finsteren Seiten der früheren Ordnung – Sklaverei, Trennung, Zynismus, Käuflichkeit – nahmen zu. Von den moralisch guten Seiten der früheren Lebensart aber ist nichts geblieben.«

Der erheblich unterschätzte, tief aufrichtige Gleb Uspenski, ein aufmerksamer Beobachter des Bauernlebens nach der Reform, vermittelt uns in seinen Erzählungen der achtziger Jahre dasselbe Bild (»Die Kraft der Erde«, »Der Bauer und die bäuerliche Arbeit«). Sein Gedanke ist, daß nach 1861 »den Massen keine Aufmerksamkeit geschenkt wurde«, daß »es keine Organisation des bäuerlichen Lebens gab«. Statt dessen habe sich bereits die Raubgier in den Dörfern so eingenistet, daß sie wohl schon unausrottbar geworden sei. Auch die Unaufrichtigkeit der bürokratischen Verwaltung sei voll erhalten geblieben und übe ihren Druck auf den Bauern aus (ein himmelschreiendes Kapitel in »Die Fesseln der Unaufrichtigkeit«). Uspenski verweist ausführlich auf Alexander Herzens Gedanken über die geheimnisvolle, im russischen Volke bewahrte Kraft, die sich Herzen allerdings nicht traut, in Worten auszudrücken. Uspenski hingegen hat es getan: Es sei *die Kraft der Erde*, sie sei es, die unserem Volke die Geduld, die Demut, die Stärke und die Jugend gibt. Nähme man sie dem Volke, dann gäbe es auch dieses Volk nicht mehr, nicht mehr die Weltanschauung des Volkes, dann träte eine seelische Leere ein. Zweihundert Jahre Tatarenjoch, dreihundert Jahre Leibeigenschaft habe das Volk nur deshalb überstanden, weil es ein Bauernvolk blieb. Dieser Kraft der Erde habe der Bauer gedient, sie habe in ihm eine strenge familiäre und gesellschaftliche Disziplin entwickelt, sie habe ihn vor zersetzerischen Falschlehren bewahrt – diese despotische Herrschaft der den Bauern »liebenden« Mutter-Erde, sie habe ihm auch diese Arbeit erleichtert, die Arbeit zu seinem Lebensinhalt gemacht. »Doch diese geheimnisvolle und wunderbare Kraft hat das Volk vor dem Angriff des Rubels nicht bewahren können.« Die Ehrlichkeit seines Blickes zwang Gleb Uspenski im Widerspruch zu seinem revolutionär-demokratischen Bewußtsein, sogar zu der Partei, der er angehörte, festzustellen: Unter der Leibeigenschaft war unsere Bauernschaft in ein richtigeres Verhältnis zur *Erde* gebracht worden als in der Gegenwart. Die Bauern der Gutsbesitzer hatten doppelt soviel Boden wie jetzt; der Gutsbesitzer mußte bei seinen Bauern all das unterstützen, was zu ihrer landwirtschaftlichen Arbeit gehörte. Sogar die Militärpflicht war während der Leibeigenschaft gerechter geregelt: In erster Linie dienten die Bauernsöhne aus kinderreichen Familien, und davor war noch das sonst nicht brauchbare und dem Trunk verfallene Volk, so daß es auf dem Dorf kein Proletariat gab, das den Bauern bei seiner Landarbeit behindert hätte. Das alte Wirtschaftssystem war auch hinsichtlich der Steuern gerechter: Der Reiche zahlte immer mehr als der Arme. »Unsere Vorfahren kannten ihr Volk, wollten ihm wohl, und sie gaben ihm das Christentum, das Beste, was die Menschheit in Jahrhunderten des Leidens erreicht hat. Jetzt aber wühlen wir in irgendwelchem alten nationalen und europäischen Plunder, in Abfallgruben herum.« Dementsprechend »galt es als Grundanliegen der kirchlichen Dorfschule, das egoistische Herz zu einem umfassend mitleidenden Herzen zu machen. Die Herzensbildung war das ständige Anliegen: Ein tyrannischer Lehrbetrieb, doch war er nicht auf Vorteil, nicht auf überflüssiges Wissen ausgerichtet, sondern predigte Strenge sich selbst und den Nächsten gegenüber.«

Nun aber brach eine neue Epoche an: *der Angriff des Rubels!* – und die Berechnung des *Vorteils*, nur des Vorteils allein. Doch unsere patriarchalische Bauernschaft war diesem schroffen Wechsel – noch dazu bei all den Ungerechtigkeiten der Reform – nicht gewachsen. Viele Schriftsteller der Nachreformzeit haben uns Beschreibungen dieser seelischen Bedrängnis hinterlassen, dieser Verlorenheit, Trunkenheit, offenen Dreistigkeit und mangelnden Achtung der Alten. (Am 16.3.1908 erklärten fünfzig Mitglieder der Staatsduma, Bauern, einmütig: »Lassen Sie den Wodka in die Städte schaffen, wenn er dort gebraucht wird, aber in den Dörfern richtet er unsere Jugend endgültig zugrunde.«) Zu all dem kam die unwürdige Situation der orthodoxen Geistlichkeit hinzu, das Absinken des orthodoxen Glaubens. (Bei den Altgläubigen hingegen hatte er sich erhalten! Solche Menschen hätten wir sein können, wäre die Nikonsche Reform nicht gewesen. In Leskows Roman »Die Klerisei« lesen wir auch von den üblen Methoden des Kampfes gegen die Altgläubigen sogar im 19. Jahrhundert.) 1905 und 1917 gingen alle diese Charakterzüge organisch in Aufruhr und revolutionäres Handeln über.

Ende des 19. Jahrhunderts ließ auch die Arbeitsmoral der bäuerlichen Bevölkerung nach. Die erreichbaren Wälder lichteten sich. Als Heizmaterial verwendete man Dung und Stroh, die wiederum der Landwirtschaft entzogen wurden. (Die Historiker stellen fest: Für die landwirtschaftliche Ausbildung wurden in unserem Lande erheblich geringere Mittel aufgewendet als für Latein und Altgriechisch.) 1883 wurde zwar die Kopfsteuer abgeschafft, aber die Abgaben für die Landschaftsvertretungen (den Semstwo) erhöht. Anfang des 20. Jahrhunderts setzte ein Niedergang der landwirtschaftlichen Tätigkeit in Zentralrußland ein (überall nur Hakenpflüge, meist hölzerne Eggen, Kornschwingen mit der Schaufel, dazu das schlechte Saatgut, die Dreifelderwirtschaft, die durch die verstreut liegenden Grundstücke der Bauerngemeinde noch erschwert wurde, Abgabe der Erzeugnisse zu Unterpreisen an die Aufkäufer und Zwischenhändler, zunehmende Zahl der landwirtschaftlichen Betriebe ohne Pferd, wachsende Zahlungsrückstände). In diesen Jahren tauchte auch der besorgniserregende Ausdruck von der »Verkümmerung des Zentrums« auf. (Genau diesen Begriff wendet S. F. Platonow sehr treffend, wenn auch mit anderem Inhalt, auf die Periode vor der Zeit der Wirren des 17. Jahrhunderts an.) Die nicht zu Ende geführte Bodenreform Alexander II. bedingte die Reform Stolypins, die auf den geschlossenen Widerstand der Rechten, der Konstitutionellen Demokraten (Kadetten), der Sozialisten und des schlecht arbeitenden Teils der Landbevölkerung stieß; später wurde sie dann doch von der Revolution erstickt.

Die nach den Reformen gebliebene gefährliche Isoliertheit der Stände in Rußland wirkte sich auch in der Unvollkommenheit der Justizreform aus. Für die Bauern blieb (wenn beide Parteien Bauern waren) aufgrund der dörflichen Gewohnheiten das untere Amtsbezirksgericht zuständig; darüber – die Friedensrichter für Zivilklagen und kleine Straffälle; sodann der nach der Reform bekannt gewordene, vollkommen aus westlicher Erfahrung übernommene kontradiktorische Prozeß – mit nicht absetzbaren Richtern, einer selbständigen Organisation der Rechtsanwälte und Geschworenen. Das Geschworenengericht ist überhaupt eine zweifelhafte Wohltat, denn es schmälert den Professionalismus des Gerichts (im Gegensatz zu der heute üblichen Wertschätzung von jeglicher Form der Professionalität). Manchmal führt es zu paradoxer Inkompetenz (da ließen sich Beispiele auch aus dem gegenwärtigen englischen, ziemlich veralteten Gerichtswesen anführen). Im Rußland jener Zeit nach der Reform, als sich die Öffentlichkeit an den Reden der Rechtsanwälte berauschte (die unzensuriert in die Presse kamen), hatten die dort vorgebrachten Argumente und Entscheidungen bisweilen etwas Tragikomisches. Dostojewski hat das klar herausgestellt: »Die Rechtsanwaltschaft ist eine glänzende Einrichtung – aber irgendwie auch eine betrübliche« (wenn man schon den unseligen Freispruch der Terroristin Vera Sassulitsch nicht erwähnen will, jenen Streifen einer rosa Morgenröte für die so begierig herbeigesehnte Revolution). Aus diesen Reden der Rechtsanwälte erwuchs auch die bequeme Tradition, die Verantwortung von der Person des Verbrechers auf die »verfluchte russische Wirklichkeit« abzuwälzen.

Alexanders II. Reform der lokalen Selbstverwaltung war am fruchtbarsten: die neue ständige Einrichtung der Landschaftsvertretung, des Semstwo, mit ihren umfassenden Exekutivfunktionen war in ihren Möglichkeiten sogar der französischen örtlichen Selbstverwaltung überlegen. Indessen reichte sie nicht bis zur untersten Stufe der Selbstverwaltung des Volkes, dem Semstwo der dörflichen Amtsbezirke (was sich schmerzlich im 20. Jahrhundert und im Ersten Weltkrieg auswirkte). Die Wahlen der Bauernabgeordneten zum Semstwo auf Kreisebene fanden unter dem Einfluß der örtlichen Beamten statt. (Dostojewski schreibt dazu: »Das Volk ist bei uns sich selbst überlassen, keiner unterstützt es. Es gibt das Semstwo, doch das wird als »die Obrigkeit« angesehen. Seine Abgeordneten wählt das Volk in Anwesenheit von irgendeinem ›Mitglied‹ eben wiederum einer ›Obrigkeit‹, und die Wahlen werden zur Farce.«) Außerdem reichten die staatlichen Dotationen für die Landschaftsvertretungen nicht aus, sie erhöhten die Abgaben der Bevölkerung ihres Bereichs und brachten dadurch die Bauern gegen sich als Schmarotzer auf.

Alexander III. (1845–1894) führte in dem Versuch, das von seinem Vater übersehene Glied in der Verwaltung auszumachen, die Institution der Landeshauptmänner (1889) ein, »eine starke Kraft, dem Volke nah«, gleichsam (wenn auch mit großer Verspätung) jene Hüter der bäuerlichen Lebensweise, die den Bauern den so schweren Übergang von der überkommenen Tradition zur neuen Struktur erleichtern, die zur Ordnung in Handel und Wandel beitragen sollten. Doch die aus dem Reservoir an unbeschäftigten Adligen ausgewählten Männer (woher hätte man sie sonst holen sollen?) widmeten sich oft ihrer Aufgabe auch nicht im geringsten – noch dazu drei Jahrzehnte nach der nicht zu Ende geführten Reform –, und es stellte sich heraus, daß diese Landeshauptmänner nur eine weitere den Bauern belastende Obrigkeitsschicht bedeuteten, zumal da man die gewählten Bauerngerichte aufgelöst und die Rechtssprechung allein in die Hand des Landeshauptmanns gelegt hatte. – Ein schwerwiegender Fehler Alexanders III. war (1883) die Abschaffung jenes Artikels aus dem Manifest von 1861, das denjenigen Bauern das Recht gab, aus der Dorfgemeinschaft auszutreten, die ihre Ablösungssumme vollständig entrichtet hatten: Um des Idols der Dorfgemeinschaft willen, in dem das russische Denken befangen war – vom Kaiser bis zu den Mitgliedern der Partei »Volksfreiheit«, die darauf brannten, diesen Kaiser zu beseitigen –, wurden dem energischsten, gesündesten und arbeitsfähigsten Teil der Bauernschaft Steine in den Weg einer freien Entwicklung gelegt.

Im Jahre 1856 erklärte Gortschakow als Nachfolger Nesselrodes, der vierzig Jahre lang unserer Außenpolitik kein Ruhmeslicht aufgesetzt hatte, zunächst recht nüchtern, daß Rußland sich zur »Sammlung seiner Kräfte« auf sich selbst konzentrieren müsse. Schon lange hätten wir das begreifen und in die Tat umsetzen müssen. Dennoch hielt diese Losung nicht einmal ein Jahr lang an: Rußland stürzte sich erneut ins europäische diplomatische Spiel. Die Kriegsfeindschaft mit Napoleon III., deren Blut noch nicht getrocknet war, wandelte *Alexander II.* (1818–1881) unversehens (1857) in eine innige Freundschaft um. Durch eine Demarche Gortschakows (1859) hinderte Rußland den Deutschen Bund daran, sich im Krieg mit Italien für Österreich einzusetzen, während Frankreich Rußland half, Österreich von der eroberten Position in den Donaufürstentümern Moldau und Walachei zu verdrängen (die sich dann bald zum Fürstentum Rumänien zusammenschlossen) und den russischen Einfluß auf dem Balkan zu festigen. (Was hatte der bloß für eine Bedeutung für uns?) Indessen wurde Frankreich wegen des polnischen Aufstands (1863) zu Rußlands Feind und setzte sich gemeinsam mit England und Österreich (Wiederholung der Koalition des Krimkrieges?) für die Aufständischen ein. Abermals drohte die Gefahr eines neuen Krieges. Da aber erklärte sich Preußen zu unserem Freund, und Bismarck, der sich der wohlwollenden Neutralität Rußlands vergewissert hatte, nahm konsequent zunächst Dänemark Schleswig-Holstein weg (1864) und brachte dann Österreich eine erschütternde Niederlage bei (1866). Unbeeindruckt von dieser Stärkung Preußens ermöglichte Rußland Bismarck 1870–71 durch seine wohlwollende Neutralität auch noch die Zerschlagung Frankreichs. (Dafür erwies uns Bismarck bald danach auf dem Berliner Kongreß einen Bärendienst: Er schloß sich der europäischen Verschwörung an, die Rußland seiner Früchte der Siege im Türkenkrieg berauben wollte.) Die außenpolitischen Schritte Rußlands unter Alexander II. blieben auch weiterhin kurzsichtig und verlustreich. 1874 finden wir bei Dostojewski (»Der Jüngling«, Kap. 3) den Aufschrei: »Jetzt hält es schon fast ein Jahrhundert an, daß Rußland ganz und gar nicht für sich selbst existiert, sondern einzig und allein für Europa.« (Genauer gesagt, waren es zu diesem Zeitpunkt schon anderthalb Jahrhunderte.) Außerdem, was heißt hier »für Europa«? 1863 ging Rußland so weit, mit seiner Flotte den amerikanischen Norden gegen den Süden zu unterstützen. Was hatten wir denn bloß da zu suchen? (Eine Rache an England?)

Zwei unglückliche Ideen quälten und drängten alle unsere

Herrscher, einen wie den anderen: den Christen in Transkaukasien zu helfen und sie zu retten, und dasselbe galt für die Orthodoxen auf dem Balkan. Man kann den hohen Grad dieser moralischen Prinzipien anerkennen, aber das darf doch nicht bis zum völligen Verlust eines Sinnes für den Staat führen und nicht so weit gehen, daß die Bedürfnisse des eigenen, ebenfalls christlichen Volkes vergessen werden. Immerzu wollten wir die Bulgaren, die Serben und die Montenegriner befreien, dabei hätten wir zunächst erst einmal an die Weißrussen und Ukrainer denken sollen: Unter der starken Hand der Staatsmacht nahmen wir ihnen ihre kulturelle und geistige Entwicklung in ihrer eigenen Tradition, wollten die kaum noch auslöschbaren Unterschiede, die sich zwischen dem 13. und 17. Jahrhundert herausgebildet hatten, auslöschen. – Es ist durchaus berechtigt, der russischen staatlichen und intellektuellen Oberschicht den Vorwurf zu machen, sie sei von der Überlegenheit des Russischen ausgegangen und habe damit eine missionarische Aufgabe verbunden. Der Macht des Einflusses solchen Denkens konnte sich auch Dostojewski bei all seiner sonstigen Scharfsicht nicht entziehen: Hierzu gehören der Traum von Konstantinopel, der Gedanke von der »Weltvorstellung, die vom Osten her den Westen besiegen wird«, bis hin zur Verachtung Europas, was man sich seit langem schämt zu lesen. Ganz zu schweigen von den unglücklichen Ausführungen zum »Gesamtslawischen« und zu »Zargrad« eines N. J. Danilewski in dem an sich durchaus interessanten Buch »Rußland und Europa«, das bei seinem Erscheinen (1869) fast unbemerkt blieb, doch ab 1888 in der russischen Gesellschaft eine große Resonanz fand.

Angesichts der schon drei Jahrhunderte lang stetig zunehmenden Erschöpfung des Volkes und unserer inneren wirtschaftlichen und sozialen Mißstände, angesichts der »Verkümmerung des Zentrums« und der bedrohlichen Zunahme bürokratischer Willkür, die zu keiner wirklichen Effektivität fähig war, wohl aber die Eigeninitiative des Volkes unterdrückte (Man schrieb: »Die Persönlichkeitsstruktur des Russen verkümmerte, immer seltener begegnete man kühnen Naturen und Menschen mit reichen Fähigkeiten« – und finden wir denn etwa wirklich viele solche Naturen in der russischen Literatur des 19. Jahrhunderts?), angesichts all dieser Umstände waren die permanenten Kriege für die Christen auf dem Balkan ein Verbrechen gegen das russische Volk. Die Verteidigung der Balkanslawen gegen den Pangermanismus war nicht unsere Aufgabe; jeder gewaltsame Einschluß von immer weiteren Slawen in den österreichischen Staat schwächte dieses zusammengeflickte Imperium und seine Position gegenüber Rußland.

Einer dieser regelmäßigen Kriege um den Balkan war der schwere Krieg gegen die Türkei 1877–78. Rußland hatte sich in diesen gestürzt, ohne sich darum zu kümmern, ob es Bündnisgenossen oder zuverlässig wohlwollende Staaten zur Seite habe, übernahm aber voller Ungeduld die Führung der Proteste der europäischen Mächte – recht schwache Proteste – gegen die türkischen Grausamkeiten (das war das Spiel Disraelis, und so hetzte Bismarck). In militärischer Hinsicht wurde der Krieg zur Sensation. Die russischen Erfolge beeindruckten ganz Europa, vor allem die Überquerung des Balkan-Gebirges im Winter (verbunden mit vielen Opfern und vielem Leid für die Soldaten). Einmalig war es auch, daß die russische Gesellschaft, die die Staatsmacht schon kräftig bekämpfte, sich jetzt im patriotischen Aufschwung mit ihr vereinte. (Das Feuer des Panslawismus hatte auch die Gesellschaft ergriffen.) Der russische Angriff wurde aber auch dieses Mal nicht bis Konstantinopel geführt, sondern vorher freiwillig abgebrochen. Aufgrund des Friedens von San Stefano erreichte man für den Balkan alles, was man wollte: die Unabhängigkeit Serbiens und Montenegros (auf einem erweiterten Territorium), die Unabhängigkeit Rumäniens, eine Vergrößerung von Bulgarien, Selbstverwaltung in Bosnien und Herzegowina sowie Erleichterungen für alle übrigen Christen, die unter türkischer Herrschaft verblieben. Krönung eines jahrhundertelangen Traums und Triumph? Jetzt drohte England direkt mit Krieg (Flotte bei den Prinzeninseln), Österreich mit der Mobilmachung, und alle europäischen Mächte forderten eine Konferenz, um Rußland das Erreichte abzunehmen und für sich selbst etwas einzuheimsen. Genauso geschah es. Auf dem Berliner Kongreß bekam England für nichts und wieder nichts Zypern, Österreich das Recht, Bosnien und Herzegowina zu besetzen, wurde Bulgarien wieder zerteilt, wurden Serbien und Montenegro beschnitten, Rußland aber holte sich nur Bessarabien zurück, das es nach dem Krimkrieg verloren hatte. (Gortschakow führte den ganzen Kongreß ohne die geringste innere Entschlossenheit, Disraeli bereitete man in England einen triumphalen Empfang.)

Ein derartig »gewonnener« Krieg ist soviel wert wie ein verlorener. Billiger wäre es gewesen, man hätte ihn überhaupt nicht erst begonnen. Rußlands militärische und finanzielle Kräfte waren erschöpft, die Stimmung der Öffentlichkeit war niedergeschlagen. Genau hier brach die Ära des revolutionären Handelns und des Terrors aus, die dann ins Rollen kam und bald auch zur Ermordung Alexanders II. führte.

In der langen Kette unserer Zaren war *Alexander III.* (1845–1894) – ein Mann ohne den Mangel der Unentschlossenheit seines Vaters – vielleicht der erste im Verlauf von anderthalb Jahrhunderten, der gut begriff, wie verderblich der russische Einsatz für fremde Interessen und neue Eroberungen war, der begriff, daß die Hauptaufmerksamkeit der inneren Gesundung der Nation zu widmen sei. (»Rußlands Pflicht ist es, sich vor allem um sich selbst zu kümmern«, hieß es im Manifest vom 4.3.1881.) Im Türkenkrieg war er selbst der Kommandierende der Armee gewesen, hat aber von seiner Inthronisierung an keinen einzigen Krieg geführt. (Lediglich die Eroberungen seines Vaters in Mittelasien an der Grenze zu Afghanistan brachte er durch die friedliche Einnahme von Merw zu einem Abschluß, was übrigens fast noch einen Zusammenstoß mit England ausgelöst hätte.) Doch gerade diese Regierungszeit ohne Kriege festigte das außenpolitische Gewicht Rußlands erheblich. Alexander schluckte die bittere Pille der bulgarischen »Undankbarkeit« herunter: Die gebildeten Bulgaren wußten die großen russischen Opfer in dem gerade beendeten Krieg keineswegs zu schätzen und drängten auf Befreiung vom russischen Einfluß und russischer Einmischung. Er schluckte auch die bittere Pille von Bismarcks Verrat und ging auf den sehr ausgewogenen und vernünftigen »Neutralitätsvertrag« (1881) und den »Rückversicherungsvertrag« (1887) mit Deutschland ein. Hätte Kaiser Wilhelm einige Jahre später nicht von der Verlängerung Abstand genommen, wäre dadurch der Krieg zwischen Rußland und Deutschland Anfang des 20. Jahrhunderts ausgeschlossen gewesen. Nach der Aufhebung des Vertrages blieb Alexander III. nichts anderes übrig, als die Annäherung an Frankreich fortzusetzen, doch auch das tat er erst nach vorsichtigem Abwarten.

In der Innenpolitik machte der erfolgreiche Terror der Anhänger der Partei »Volkswille« (Narodnaja wolja) an sich schon den Weg zu irgendwelchen Zugeständnissen unmöglich, denn diese hätten nun wie eine Kapitulation ausgesehen. Angesichts des unbeugsamen Charakters Alexanders III. bedingte allein schon die Ermordung seines Vaters am 1. März harte konservative Maßnahmen für Rußland in den nächsten Jahren und sogar eine »Anordnung über den verstärkten Staatsschutz« (1882). Der bald danach zusammengesetzte Ministerrat blieb in den Jahren seiner Herrschaft fast unverändert, doch wurden im Interesse staatlicher Sparmaßnahmen überflüssige Stellen bei Hofe gestrichen und die ganze »Statthalterei im Kaukasus« abgeschafft. Den Bauern wurden ihre Abgaben verringert, die Fristen für die Zahlung der Ablösungsbeträge verlängert. Der beginnende Export russischen Getreides ins Ausland erhöhte die Preise, was sich auch für die Bauern positiv auswirkte. Wie schon gesagt, führte Alexander III. Landeshauptmänner ein (mit zwiespältigem Ergebnis), er schwächte aber die Rolle der Bauern in der Ständeverwaltung des Semstwo (ein großer Irrtum) und verstärkte die staatliche Kontrolle über die Semstwo-Institution. Die Jahre verrannen, der Zustand des Landes stabilisierte sich, und es war wohl an der Zeit, anstelle ausschließlich hemmender Maßnahmen eine eigene umfassende Variante eines aktiven Entwicklungsprogramms vorzuschlagen, z. B. den seit langem fälligen Schritt, die Rechtsstruktur auf die Bauern hin auszuweiten. Doch weder der Zar selbst noch seine nächsten Ratgeber legten ein derartiges Projekt vor. Sie hatten offenbar für den unaufhaltbaren Rhythmus der Zeit kein Gespür. – So erkannte Alexander III. auch im Zustand der Orthodoxen Kirche, die während der ganzen Petersburger Periode zunehmend schwächer geworden war, nicht ihr besorgniserregendes Absterben, gab keinen Impuls zur Belebung des kirchlichen Organismus, leistete den erniedrigten Dorfgeistlichen in ihrer armseligen Lage keine Hilfe und beließ die Kirche – und mit ihr den orthodoxen Glauben des Volkes – in einer schweren Krise, die allerdings damals noch nicht allen deutlich geworden war. – Was die Mohammedaner anbetrifft, so »genossen sie in Rußland weiterhin die bisherige Duldung... Rußland war sich seiner mohammedanischen Untertanen im Kaukasus sicher«. (Auch im Ersten Weltkrieg bestätigten das hervorragend die Elite-Regimenter kaukasischer Freiwilliger, die »Eingeborenendivision«.)

Indessen war die Regierungszeit Alexanders III. erheblich kürzer als die aller anderen Herrscher, sie wurde in der Blüte seiner Jahre und der Fülle seiner seelischen Kräfte tragisch abgebrochen, und man kann nicht einmal vermuten, wie er sich in den beginnenden höchst kritischen Jahren Rußlands verhalten hätte oder ob er es überhaupt soweit hätte kommen lassen. (L. Tichomirow zufolge »begann Nikolaus II. einfach vom ersten Tag an, ohne dies auch nur im geringsten zu ahnen, mit der vollständigen Zerstörung von allem, von allen Grundlagen des Werks seines Vaters«.)

Gegen Ende des 19. Jahrhunderts hatte das Russische Imperium seine geplante oder, wie man damals sagte, (für das ungeschützte riesige Land) »natürliche« territoriale Größe erreicht: An vielen Stellen entsprachen die Grenzen den geographischen, von der Natur gegebenen Bedingungen. Aber das war ein seltsames Imperium. In allen anderen Imperien jener Zeit führte man in der Metropole ein sattes Leben zu Lasten der Kolonien, und nirgendwo gab es eine staatliche Struktur, derzufolge die Bewohner einer Kolonie mehr Rechte und Privilegien gehabt hätten als die Menschen in der Metropole. In Rußland hingegen war alles genau umgekehrt. Ganz abgesehen einmal von Polen, das eine erheblich liberalere Verfassung und Lebensform hatte (dem dies trotzdem die Unterordnung nicht schmackhafter machte), sei in diesem Zusammenhang auf die sehr umfassenden Vorrechte Finnlands hingewiesen. Bereits von Alexander I. hatten die Finnen größere Rechte bekommen, als sie sie unter schwedischer Verwaltung genossen hatten; bis zum Ende des 19. Jahrhunderts war das Volkseinkommen auf das Sechs- bis Siebenfache angewachsen, Finnland hatte diese Blüte vor allem dadurch erreicht, daß es nicht den proportional entsprechenden Prozentsatz an den gesamtrussischen Ausgaben zahlte. Auch betrug der Anteil der einberufenen Rekruten aus Finnland lediglich ein Drittel der mittelrussischen Quote, so daß »in dem bis an die Zähne bewaffneten Europa Finnland für seine Verteidigung weniger tat als die Schweiz«. (Unter Nikolaus II. wurde Finnland dann ganz von der Wehrpflicht befreit, der Weltkrieg belastete dieses Land nicht.) Ferner »waren in den höchsten russischen Regierungsbehörden Finnen im Übermaß tätig, sie hatten die wichtigsten militärischen Posten in der russischen Armee und Flotte inne, während Russen in Finnland amtliche Stellungen nur dann einnehmen und Immobilien nur dann erwerben konnten, wenn sie die finnische Staatsangehörigkeit annahmen«, »einige Kilometer von ihrer Hauptstadt entfernt mußten sich die Russen der Kontrolle des finnischen Zolls unterwerfen... mußten mit den Beamten, die es hartnäckig ablehnten, russisch zu sprechen, finnisch reden«. Was für einen Grund gab es da, Finnland innerhalb des Imperiums zu belassen? (Dank dieser erstaunlichen Exterritorialität und der Nähe zu Petersburg wurde Finnland zu einer unschätzbaren Zuflucht und einem Auffangbecken für alle russischen Revolutionäre bis hin zu den Kampftrupps der Sozialrevolutionäre und zu Lenins Bolschewiken. Das diente nicht nur in erheblichem Ausmaß dem Terrorismus und der Untergrundbewegung in Rußland, sondern auch der Vorbereitung der Revolutionen von 1905 und 1917.) – Auch die asiatischen nationalen Randgebiete Rußlands erhielten eine gewaltige finanzielle Hilfe vom Zentrum, wenn auch nicht in einem derart umwerfenden Ausmaß. Bei allen waren die Unkosten höher als die Einkünfte, die sie dem Staat brachten. Viele von ihnen waren von der Wehrpflicht befreit (so die »Kirgisen«, also die Kasachen und die Männer der mittelasiatischen Gebiete), wobei noch nicht einmal ersatzweise eine Wehrsteuer gezahlt werden mußte. (Die Revolutionspropaganda spielte den Aufstand im Turgai-Siebenstromland des Jahres 1916 hoch. Dabei war dieser – während des Weltkrieges! – eine Reaktion auf den Versuch, die dortigen Einwohner lediglich zum Arbeitseinsatz einzuberufen.) Der künstliche Abfluß von Mitteln aus dem Zentrum in die Randgebiete vertiefte die »Verkümmerung des Zentrums«. Die Bevölkerung, die Rußland geschaffen und als Staat getragen hatte, wurde weiter geschwächt. Etwas Ähnliches beobachten wir bei keinem europäischen Staat. D. I. Mendelejew hat in seiner Arbeit »Zum Verständnis Rußlands« darauf hingewiesen, wieviel in Rußland für die nichtrussischen Nationalitäten getan wurde und daß es an der Zeit war, sich mit mehr Aufmerksamkeit um die Russen selbst zu kümmern. Doch selbst wenn sich die regierenden Kreise diesen Auftrag zu eigen gemacht hätten, hätte uns die historische Zeit dafür nicht mehr gereicht.

Dieses Bild wird in besonderer Weise noch durch die erhebliche Anwesenheit ausländischer Industrieller in Rußland ergänzt. (Engländer bei den Goldgruben an der Lena, Belgier in der eisenschaffenden Industrie des Südens, ein ausländisches Syndikat in der Platingewinnung, Nobel im Zusammenhang mit der Erdölförderung in Baku, Franzosen mit der Salzgewinnung auf der Krim, Norweger beim Fischfang im Küstenbereich vor Murmansk, Japaner auf der Kamtschatka und im Amurdelta und dergleichen viel, viel mehr. In Petersburg aber waren zwei Drittel der Fabrikbesitzer Ausländer, und von ihren Namen, den Fabrikbezeichnungen quillt die Revolutionschronik des Jahres 1917 über.) In Semjonow-Tjan-Schanskis »Geographischer Beschreibung unseres Vaterlandes« wimmelt es in den Steuerlisten der Grundbesitzer für die einzelnen Kreise nur so von ausländischen Namen.

Den üppigen Zustrom ausländischer Industrieller und Kapitalisten kann man vor allem damit erklären, daß es – man höre und staune! – zu Beginn des 20. Jahrhunderts in Rußland keine streng regulierte Einkommensteuer gab: Von den gewaltigen Gewinnen zahlten sie einen erheblich geringeren Prozentsatz als in Europa. Dies nutzten sowohl die Klasse der Reichen in Rußland als auch die Ausländer, die ihre Einkünfte nur um weniges geschmälert ins Ausland verbrachten. Für Rußland wirkte sich das als äußerst gravierende Einbuße bei seinen Finanzen aus: Das unvergleichlich reiche Rußland mußte immer wieder um ausländische Anleihen nachsuchen (wobei es nicht selten auch demonstrative Absagen erhielt). Ab 1888 wurde Rußland aufgrund solcher Anleihen systematisch zum Schuldner Frankreichs, was es in der Außenpolitik von Frankreich abhängig machte und sich somit auf die verhängnisvollen Ereignisse des Jahres 1914 auswirkte.

Ausgerechnet während der Regierungszeit des sanftmütigen *Nikolaus II.* (1868–1918), der in den ersten Jahren seiner Regierungszeit so unsicher auf dem Zarenthron saß, dehnte Rußland die Grenzen seines riesigen Territoriums weiter aus, ein moralisch, aber auch schon aus rein praktischen Erwägungen heraus unzulässiger Schritt. 1895 begann die russische Regierung im Fernen Osten unisono mit den europäischen Ländern vorzugehen und schreckte (1900) nicht vor der peinlichen Entsendung eines russischen Korps nach Peking zurück, um sich an der Niederwerfung des chinesischen Aufstands zu beteiligen: Schon etliche Jahrzehnte war China äußerst schwach, war im Zusammenbruch begriffen, und all die gierigen Mächte wetteiferten miteinander, für sich daraus Vorteile zu schlagen. 1898 zwang Rußland China, ihm Port Arthur und Talien in Pacht zu überlassen, die Konzession der Eisenbahnstrecke durch die Mandschurei (1896) brachte dieses Gebiet in vieler Hinsicht unter russischen Einfluß. Aufgrund des russisch-japanischen Protokolls von 1898 wurde Korea als unabhängig anerkannt, jedoch gelang es den nicht uneigennützigen Ratgebern von Nikolaus II., ihn, je weiter Japan in Korea von Süden her vordrang, davon zu überzeugen, daß Rußland in Korea von Norden her vorzurücken habe. Damit prallten russische und japanische Interessen tödlich aufeinander. Noch gab es den Weg zu einem Kompromiß, und zwar den japanischen Vorschlag, Rußland möge seinen Einfluß auf die Nordmandschurei beschränken. Man glaubte aber, den Gegner nicht ernst nehmen zu müssen, denn die früheren leichten russischen Eroberungen hatten einen entsprechenden Hochmut aufkommen lassen. Nikolaus II. fehlte es an Gespür für all die empfindlichen Stellen des noch instabilen, noch nicht voll entwickelten Rußland, wobei die Feindschaft zwischen Regierung und Gesellschaft und die revolutionäre Bewegung weitaus nicht die einzigen Schwächen des Staates – weder im Inneren noch in den Außenbeziehungen – darstellten. So begann der Krieg mit Japan, der schon deshalb verderbliche Auswirkungen für uns haben mußte, weil wir gerade erst dabei waren, den Bau der großen transsibirischen Eisenbahnstrecke zu beenden. Wegen der ständigen Auseinandersetzungen mit Österreich um den ersten Platz auf dem Balkan konnte Rußland seine besten Truppen nicht von den westlichen Grenzen abziehen, sondern entsandte in den Fernen Osten zweitrangige Einheiten und Reservetruppen. In Japan drängten 1904 nicht nur die Studenten zur Armee, sondern die heranwachsende Jugend insgesamt, während unsere Studenten aus den beiden Hauptstädten dem Tenno Telegramme mit dem Wunsch sandten, er möge siegen. Die russische Gesellschaft wurde in diesem fernen, unpopulären und sogar unerklärlichen Krieg von einem Drang nach der Niederlage ergriffen, wobei der politische Erfolg bei einer russischen Niederlage klar einkalkuliert war, eine Bewegung, die jetzt noch heftiger aufloderte als seinerzeit infolge des Krimkrieges. Im Herbst 1905, in den Tagen, als die Revolution am stärksten aufloderte, ging die Hälfte der Regierungszeit von Zar Nikolaus II. zu Ende, und während dieser elf Jahre hatte er bereits fast die ganze Macht aus den Händen gleiten lassen – doch dieses Mal holte sie ihm Stolypin noch zurück. (Elf Jahre später gab es niemanden mehr, der sie hätte zurückholen können.)

Die außenpolitischen Fehler fanden kein Ende. Wilhelm II., der die Rolle des herzlichen Freundes von Nikolaus II. betonte, sogar theatralisch spielte (der ihn zum Kampf im Fernen Osten

»segnete« und übrigens auch mit wohlwollender Neutralität half), schlug Nikolaus II. auf Björkö Ende 1905 nicht ohne Hintergedanken vor, *zu zweit* einen dreiseitigen Freundschaftsvertrag mit Frankreich zu unterzeichnen – dieses werde »sich dann später anschließen«. Zar Nikolaus unterzeichnete (ohne Wissen seines Ministerrats, nahm aber später seine Unterschrift zurück). Natürlich spielte dabei der Gedanke, Frankreich eine sekundäre Rolle zuzuweisen, keine geringe Rolle; natürlich nötigte Deutschland 1904 Rußland einen entwürdigenden Handelsvertrag auf, und es war schwierig, in ihm einen Freund Rußlands zu sehen. Indessen war das System einer festen Allianz *sowohl* mit Preußen *als auch* mit Frankreich schon das bewährte System Peters I. gewesen; immerhin richtete sich die Spitze des Vertrages von Björkö gegen England, jenes Land, das schon neunzig Jahre lang beharrlich eine für Rußland nachteilige Politik betrieb und immer und überall nach Gelegenheiten suchte, Rußland zu schaden, was ihm auch oft genug großartig gelungen war: Auch jetzt im Russisch-Japanischen Krieg war England Bündnispartner Japans. Kaiser Wilhelm, der einen harten Krieg mit England voraussah, suchte – auch angesichts der unmittelbaren Nachbarschaft der Länder und der beiderseitig zahlenmäßig starken Armeen – nach einem Weg, einen Krieg mit Rußland zu vermeiden: Was für ein blutiges Gemetzel wäre uns 1914 erspart geblieben (also auch die Revolution 1917)! Es scheint unmöglich, scheint unerklärlich, daß Nikolaus II. dennoch ein Bündnis mit dem Staat, der Rußland haßte, vorzog, dessen Interessen so oft und an so vielen Stellen mit den russischen Interessen kollidiert hatten. Aber Nikolaus II. vollzog gerade diesen Schritt: das englisch-russische Bündnis des Jahres 1907, aus dem sich dann die Entente bildete. Damit war die Kräfteverteilung im Ersten Weltkrieg verhängnisvoll festgelegt.

Bald danach (1909) gliederte sich Österreich als Reaktion darauf Bosnien und die Herzegowina ein, und Wilhelm II. zwang Rußland auch noch in ultimativer Form zu einer erniedrigenden *Anerkennung* der Legalität dieser Einbeziehung fremden Territoriums. Zwar war dieser Schritt schon durch den Berliner Kongreß (1878) eingeleitet worden, doch im Jahre 1909 wurde er in Rußland sowohl von der Regierung als auch von der Gesellschaft schmerzlich empfunden: Unsere verhängnisvolle Begeisterung für den Panslawismus löste fast einen sofortigen Krieg aus (der unter Stolypin unmöglich, aber höchst günstig für England gewesen wäre).

Selbstverständlich konnten wir bei unserer panslawistischen Begeisterung das grobe österreichische Ultimatum gegenüber Serbien 1914 nicht verkraften (das gehörte zum deutsch-österreichischen Kalkül). Man fiel dann 1914 auch so forsch über uns her, weil man 1904 jegliche Achtung vor der russischen Militärmacht aufgegeben hatte. Unsere Truppen in Ostpreußen wurden dann überstürzt und unvorbereitet für die Rettung von Paris geopfert.

Bis hierher haben wir drei Jahrhunderte der russischen Geschichte unter einem spezifischen Blick betrachtet: einem Blick auf die ungenutzten Möglichkeiten der inneren Entwicklung und auf den rücksichtslosen Verschleiß der Volkskraft für außenpolitische Ziele, die nicht im russischen Interesse lagen. Die Sorge der Regierenden galt mehr den europäischen »Interessen« als dem eigenen Volke.

Angesichts all dieser Tatsachen bleibt es erstaunlich, wie reich die Volksenergie geblieben war. Dabei genügt – selbst wenn man einmal das Pomorje oder das Gebiet am Don außer acht läßt – schon ein Blick auf Sibirien. (Die »Eroberung Sibiriens« wird fälschlich von der westsibirischen Episode des Kampfes von Jermak mit Kutschum, dem Nachfahren Tschingis Khans, an gerechnet, der das Gebiet der Tataren von Tobolsk erobert hatte und 1573, noch vor Jermak, einen Überfall auf das Gebiet von Solikamsk unternommen hatte. Das 17. Jahrhundert ist in Sibirien nicht durch eine große Zahl ernsthafter kriegerischer Auseinandersetzungen gekennzeichnet, wenn man es mit der vorangegangenen Geschichte des Kontinents, mit der Welle mongolischer und türkischer Eroberungen vergleicht oder etwa mit der abscheulichen Vernichtung der Mayas, der nordamerikanischen

Indianer, der Patagonier oder der Tasmanier. Im Gegenteil, mit der Ankunft der Russen in Sibirien hörten die zahlreichen inneren Fehden der Jakuten, der Burjäten, der Tschuktschen mit den Jukagiren u. a. auf; die Jakuten bezeichnen die Zeit bis zur Ankunft der Russen auch als »Zeit der blutigen Kämpfe«. Mehr noch: Die Russen haben die innere Organisation der ursprünglichen Bevölkerung nicht verletzt; große Zusammenstöße gab es nur mit den Mandschuren und Mongolen, die am Oberlauf des Amur das russische Vordringen stoppten.) Während des 17. Jahrhunderts haben einige wenige unternehmungslustige russische Menschen den riesigen sibirischen Kontinent erschlossen – bis hin zum Ochotskischen Meer, den Mündungen der Jana und der Indigirka und zur Bering-(Deshnjow-)Straße. Sie führten dort den Ackerbau in Regionen ein, die ihn (bis auf einige kleine Stellen) nie gekannt hatten. Schon gegen Ende des 17. Jahrhunderts ernährte sich ganz Sibirien von seinem eigenen Roggen. Der Ackerbau erstreckte sich im Norden bis in die Gebiete am Pelym, Narym und Jakutien. Anfang des 18. Jahrhunderts finden wir ihn auch auf der Kamtschatka. Überall gab es einen Erfahrungsaustausch in Wirtschaft und Jagd zwischen der eingeborenen Bevölkerung und den Russen. Im Jahre 1701 lebten in ganz Sibirien 25000 russische Familien, eine Familie auf 400 qkm, in Ostsibirien gab es Weiler mit ein, zwei Höfen. (Nach der Volkszählung von 1719 lebten in Sibirien 72000 Einwohner der Urbevölkerung und 169000 Russen, bis zu den achtziger Jahren waren es mehr als eine Million.) Bei einer derart geringen Bevölkerungszahl (durch freiwillige Umsiedlung, flüchtige, aber nicht vor den Ural zurückverbrachte Bauern und verbannte Ansiedler) ist es erstaunlich, was im 18. Jahrhundert in Sibirien ein friedlicher Einsatz, ausgerichtet auf innere und nicht auf äußere Aufgaben, zustande brachte: einen gigantischen Aufschwung russischer Arbeit, des Handwerks, auch schon einer bedeutenden industriellen und metallurgischen Produktion und eines russischen Handels vom Ural durch ganz Sibirien bis Kjachta, der Tschuktschen-Halbinsel, den Aleuten und Alaska (1787 wurde von Schelichow, einem Kaufmann aus dem Kleinbürgerstand, die »Amerikanische Handels-

und Pelztier Company« gegründet). Schon im 18. Jahrhundert gab es in Sibirien Schulen für Geodäsie, Navigation, Bergbau und Medizin, entstanden Bibliotheken und Druckereien, wurde eine sorgfältige Kartographie der Küsten des Nördlichen Eismeeres und des Pazifik erstellt.

So reich war die Kraft des Volkes, daß Rußland ein halbes Jahrhundert nach der Aufhebung der Leibeigenschaft in eine Phase stürmischer industrieller Entwicklung (mit dem fünften Platz in der Industrieproduktion der Welt) und des Eisenbahnbaus eintrat, daß es ein höchst bedeutender Exporteur von Getreide und (sibirischer) Butter wurde. In Rußland herrschte volle Freiheit für private wirtschaftliche Betätigung (die »Marktwirtschaft«, die wir uns heute so sehr aufzubauen oder von irgendwem zu übernehmen bemühen), es gab die Freiheit der Berufswahl und des Wohnorts (mit Ausnahme der Wohnsitzbeschränkungen für Juden, aber auch dieses Prinzip näherte sich schon seinem Ende). Der gewaltige bürokratische Apparat kannte weder nationale Begrenzungen (wir finden dort auf hohen Posten Vertreter verschiedener Nationalitäten) noch soziale Schranken (der Hilfsmaschinist Chilkow war Minister geworden, ebenso der Bauer Ruchlow, der Stationsvorsteher Witte und der Anwaltsgehilfe Kriwoschejin, im militärischen Bereich hatten sich die Generäle Alexejew und Kornilow von ganz unten hochgearbeitet). Der letzte Staatssekretär Rußlands S. J. Kryshanowski bezeugt, daß Rußland hinsichtlich der Aufstiegsmöglichkeiten einzelner Persönlichkeiten ein höchst demokratisches Land gewesen war: Die oberste Beamtenschaft habe sich nicht aus Personen hoher Herkunft zusammengesetzt; der Verkehrsminister Krieger-Wojnowski bezeugt, zu Beginn des 20. Jahrhunderts habe es, abgesehen von der besonderen Lage der Bauernschaft, keine Standesgrenzen mehr gegeben, »die Rechte wurden durch Bildung, Dienststellung und Tätigkeitsmerkmale bestimmt«. Die Unabhängigkeit und die Öffentlichkeit des Gerichts und die strenge Gesetzlichkeit der Untersuchungsverfahren waren seit den sechziger Jahren des 19. Jahrhunderts eine Selbstverständlichkeit, ebenso eine Presse ohne Vorzensur. Ab

1906 hatte Rußland ein echtes Parlament und ein Mehrparteiensystem (das man heute als eine ganz neue Errungenschaft anstrebt). Es sei noch festgehalten, daß dem Volk auf dem Lande eine hochqualifizierte medizinische Versorgung kostenlos zur Verfügung stand. Eine Arbeitsversicherung wurde eingeführt. Rußland hatte in Europa den höchsten Bevölkerungszuwachs. Hinsichtlich des Hochschulstudiums der Frauen nahm Rußland einen der ersten Plätze in Europa ein.

All das brach ab 1917 zusammen und wird in der Welt bis heute ungemein verzerrt dargestellt.

Aber auch in dieser kurzen Periode des Wohlstands von 1906 bis 1913 erkannten weitblickende Menschen, daß man sich um eine wesentliche Krankheit des Staates nicht kümmerte: um die gefährliche Trennung zwischen der Gesellschaft und der Macht und um den Verfall des russischen Nationalbewußtseins. Lew Tichomirow, einst ein angesehenes Mitglied der Partei »Narodnaja wolja«, später ein Staatsrechtler und überzeugter Patriot, schrieb in seinem Tagebuch 1909–1910: »Man kann im gegenwärtigen Rußland nichts tun, da ist nichts zu machen. Wir gehen offensichtlich einer neuen Revolution entgegen, und es laufen anscheinend alle, sogar alle einzelnen Maßnahmen in der Regierung unvermeidbar auf eine Revolution hinaus, als habe man sie dafür ausgesucht«; »mit Rußland komme ich einfach nicht mehr mit. Ich stehe auf meinen Bastionen, halte das Banner hoch, schieße aus allen Rohren…, doch die eigene Armee zieht sich von einem immer mehr zurück, und nach menschlichem Ermessen ist von ihr auch nichts mehr zu erwarten…« Von der Jugend steht das zu lesen: »Das sind nicht mehr unsere Nachkommen, das ist vielmehr etwas völlig Neues.« – »Russisches Volk!… Aber auch dieses hat seine einstige Seele, seine einstigen Gefühle verloren« – dabei hatte Tichomirow den Verlust des orthodoxen und nationalen Bewußtseins im Sinn, »ein geistiges und moralisches Abgleiten der Nation überhaupt.«

Das geistige Wesen der Krise hatte Tichomirow richtig erkannt. Im Jahre 1909 geriet die Frage nach dem russischen Nationalbewußtsein unversehens ins Zentrum der Diskussion in der liberalen Presse. »Als die Nationalitäten, die keinen eigenen Staat hatten, begannen, sich mit ihrem Selbstverständnis zu befassen, entstand auch für den russischen Menschen die Notwendigkeit einer Auseinandersetzung mit dem eigenen Selbstverständnis.« Es ereignete sich »in der fortschrittlichen russischen Presse etwas kurz zuvor noch Unmögliches: eine Diskussion über die Frage nach dem großrussischen Nationalismus«, »das erste Aufbrechen jenes Bewußtseins, das bei den Völkern wie der Selbsterhaltungstrieb im Augenblick drohender Gefahr erwacht«. – »Es war auch nicht als Witz gemeint, als man das Wort ›russisch‹ verunglimpfend zu ›echt-russisch‹ wandelte.« – »Ebenso wie es falsch ist, jene zu ›russifizieren‹, die nicht ›russifiziert‹ werden wollen, genauso sollten wir uns selbst nicht zu ›Rußländern‹ machen, d.h. nicht in der rußländischen Multinationalität untergehen und unsere Eigenheit verlieren« (P.B. Struve). – »Der Versuch, ganz Rußland großrussisch zu machen..., erwies sich nicht nur für die lebendigen nationalen Züge aller nichtstaatstragenden Völkerschaften des Imperiums als verderblich, sondern vor allem auch für das großrussische Volk selbst... Für die Großrussen ist nur eine intensive Entwicklung nach innen nützlich, ein normaler Blutkreislauf.« Die russische Gesellschaft hatte sich in früheren Jahren »nicht nur einer falschen antinationalen Politik geschämt, sondern auch eines echten Nationalismus, ohne den ein nationales Schaffen nicht denkbar ist. Ein Volk muß sein eigenes Gesicht haben.« – »Wie vor dreihundert Jahren wird die Geschichte von uns eine Antwort verlangen, wird uns in den schrecklichen Tagen der Prüfung« antworten lassen, »ob wir als eigenständiges Volk ein Recht auf eine selbständige Existenz besitzen«.

Diese auch für unsere Zeit lehrreiche Diskussion, die sich heute wie ein höchst aktueller Beitrag liest, konnte sich indessen in dem kurzen Zeitraum bis zum Ersten Weltkrieg nicht mehr fruchtbar entwickeln. Die dynamische Epoche überrollte das gemächliche Rußland. Es kam in der russischen Gesellschaft nicht mehr zu einer Wiedergeburt des russischen Nationalbewußtseins. W.W. Rosanow drückte das (1911) so aus: »Die Seele weint, wohin sind nur all die Russen geraten? ... Mich überwältigen die Tränen wegen der Russen, denn ich glaube, daß dieser Volksstamm selbst zugrunde geht und daß alles Russische überhaupt mit Füßen getreten wird.«

So wurden auch die Versuche der orthodoxen Öffentlichkeit um 1905, über eine vorsynodale Versammlung zu einem Landeskonzil und zur Wahl eines Patriarchen zu gelangen, durch eine Einhalt gebietende Resolution des Zaren abgebrochen. Die Russische Orthodoxe Kirche brachte die ihr noch gegönnte historische Frist ohne einen Wandel zu Ende. Der berechtigte Vorwurf Berdjajews, den er an die Intelligenz, die Demokraten und die Sozialisten gerichtet hatte – »Sie haßten die Kirche und sie hetzten sie. Sie glaubten, daß ein Volk ohne geistige Grundlagen existieren könne, ohne Heiligtümer, daß materielle Interessen und intellektuelle Bildung genügten« –, hatte im Grund genommen seine Gültigkeit auch für die vor sich hin träumenden regierenden Kreise. Die Orthodoxe Kirche begegnete der Revolution von 1917 unvorbereitet und fassungslos. Erst nach einigen Jahren, unter dem Einfluß der wahnwitzigen Verfolgungen der Bolschewiken kam es zu einigen Erhebungen des Volkes zur Verteidigung von Kirchen (1918), und mit dem entschlossenen Mut der ersten Christen strömten Zehntausende von Geistlichen in den GULag und in den Tod. (Die bolschewistische Berechnung aber ging auf: Materiell konnte man sie nicht mehr zum lebendigen Widerstand rechnen.)

Im Ersten Weltkrieg wirkte sich die angestaute, nicht mehr zu verkraftende Erschöpfung des Volkes durch all die früheren russischen Kriege aus, für die das Volk stets ohne eine Entschädigung geblieben war. Zu dieser Erschöpfung kam ein von Generation zu Generation angewachsenes Mißtrauen gegenüber der regierenden Klasse hinzu. All das zeigte sich im Verhalten der Soldaten an der über zweitausend Kilometer langen Front, als die Nachrichten vom Umsturz in Petrograd und von dem überstürzten, willfährigen Rücktritt des Zaren dorthin gelangten, denen bald auch die verlockenden Losungen der Bolschewiken folgten.

Ab 1917 begannen wir, für alle Irrungen unserer vorangegangenen Geschichte erneut und kräftiglich zu zahlen.

Die ganze Vorgeschichte des Februar, den Verlauf der Februarrevolution selbst und ihre unerbittlichen Folgen habe ich bereits in aller Ausführlichkeit im »Roten Rad« dargestellt und lasse das hier vollkommen aus. Der bolschewistische Umsturz bildete den logischen und konsequenten Abschluß des Februar.

Weil wir im vorangegangenen Überblick immer wieder auf die teils selbstlosen, teils sinnlosen Einmischungen Rußlands in die europäischen Angelegenheiten eingegangen sind, ist es auch hier angebracht, kurz die Rolle der westlichen Verbündeten während des Bürgerkriegs in Rußland zu behandeln. Solange Deutschland noch Widerstand leistete, setzten sich die Verbündeten natürlich ein: sie holten das tschechoslowakische Korps über Sibirien heraus, um es noch rechtzeitig gegen Deutschland einzusetzen, sie landeten in Archangelsk und Murmansk, um die Deutschen an einer Landung zu hindern. Doch kaum war der Weltkrieg zu Ende, da verloren die Verbündeten ihr Interesse an den Weißen, an den russischen Generälen, die ihre unmittelbaren und persönlichen Verbündeten im vergangenen Krieg gewesen waren. Im Norden versenkten die Engländer Munition und Armeeausrüstung, nur um sie nicht in die Hände der Weißen fallen zu lassen. Die Weißen Regierungen erkannte man nicht an (Wrangel nur de facto und kurzfristig, solange er die Lage in Polen erleichtern konnte). Aber jede Nation, die sich von Rußland abgespalten hatte, wurde sofort anerkannt (Lloyd-George forderte dies auch von Koltschak). Für die Lieferung von Kriegsmaterial verlangten sie russische Rohstoffe, Getreide, Gold sowie die Bestätigung, daß die russischen Schulden abgetragen würden. Die Franzosen (wir erinnern uns an die Rettung von Paris im Jahre 1914 durch die Opfer der russischen Armeen in Preußen) forderten von General Krasnow, sämtliche Verluste zu ersetzen, die französische Unternehmen in Rußland »infolge des Mangels an Ordnung im Land« erlitten hätten, ferner, ihre wirtschaftlichen Einbußen seit 1914 mit Zinsen zu kompensieren. Im April 1920 sandten die Verbündeten ein Ultimatum an Denikin und Wrangel, sie sollten die Kämpfe beenden, denn »Lenin hat eine Amnestie versprochen«. Für die Hilfe bei der Evakuierung von der Krim beschlagnahmten die Franzosen die russischen Kriegs- und Handelsschiffe, und von den nach Gallipoli evakuierten Soldaten Wrangels nahmen sie sich als Bezahlung für die Verpflegung die militärische Ausrüstung bis hin zur Armee-Unterwäsche. – Die Niederlage, die Rußland von den Bolschewiken bereitet wurde, war für die Verbündeten sehr günstig: Sie brauchten die Früchte des Sieges nicht zu teilen. So lautet die *realistische* Sprache der internationalen Beziehungen.

Da in unserem Volk seit Urzeiten das Bewußtsein seiner eigenen Rechte und das Nationalbewußtsein unterentwickelt sind und der religiöse Halt in den letzten Jahrzehnten vor dem bolschewistischen Umsturz ins Wanken geraten war, wurde dieses Volk für die durchtriebenen bolschewistischen Führer zu einer Modelliermasse für ihr Experiment, die sich bequem formen und kneten ließ.

Diese ideologischen Internationalisten fingen mit einem rücksichtslosen Ausverkauf der russischen Länder und Reichtümer an. Bei den Verhandlungen in Brest äußerten sie die Bereitschaft, russisches Land in beliebigem Umfang abzugeben, wenn sie nur selbst an der Macht blieben. – Im Tagebuch des amerikanischen Diplomaten William Bullitt kann man nachlesen, was für einen gewaltigen Preis Lenin 1919 der amerikanischen Delegation angeboten hat: Die Sowjetregierung war zum Verzicht auf den westlichen Teil von Weißrußland, die Hälfte der Ukraine, den gesamten Kaukasus, die Krim, den ganzen Ural, auf Sibirien und auf Murmansk bereit: »Lenin schlug vor, die kommunistische Regierung auf Moskau und ein kleines umliegendes Territorium zu beschränken, dazu die Stadt, die jetzt unter dem Namen Leningrad bekannt ist.« (Dieses Verhalten Lenins sollten sich all jene bewußt machen, die sich heute noch dafür begeistern, wie die Bolschewiken »die Großmacht wiederhergestellt haben«.) – Derartig panische Angebote machte Lenin zu einem Zeitpunkt, als er einen ganz natürlichen »Feldzug der Entente« gegen seine Aufrührergruppe fürchtete, einen Feldzug zum Schutz des verbündeten Rußland. Bald aber überzeugte er sich, daß eine solche Gefahr nicht bestand, und war zum Abtreten russischen Landes nur noch in geringerem Umfang bereit. Im Februar 1920 trat er als Gegenleistung für die erste internationale Anerkennung der Sowjetischen Regierung, also den Durchbruch durch die Isolation, an Estland die russische Bevölkerung bei Iwangorod an der Narwa ab, dazu irgendwelche »Heiligtümer« im Gebiet der Petschora und von Isborsk; bald danach überließ er Lettland russische Bevölkerungsteile in großem Ausmaß. Da die Sowjetregierung im Rahmen ihrer internationalen Pläne eine Freundschaft mit der Türkei anstrebte (die im Dezember 1920 fast ganz Armenien besetzt hatte), begann sie im Winter 1920 bis Anfang 1921, während sie sich in ihrem vom Bürgerkrieg zerstörten Land kaum auf den Beinen hielt, mit umfangreichen Hilfslieferungen an die Türkei von Waffen jeglicher Art, ferner leistete sie ihr eine »nicht rückzahlbare Finanzhilfe« in Höhe von 13 Millionen Goldrubeln. (1922 wurden noch einmal 3,5 Millionen hinzugefügt.)

Solche Beispiele ließen sich beliebig erweitern. Aber der unmittelbare Diebstahl von Kostbarkeiten aus dem russischen Diamantenfonds durch die bolschewistische Bande und das Ausrauben des staatlichen, zaristischen und privaten Eigentums ist überhaupt von kaum jemandem beachtet worden, man findet nur gelegentlich in Memoiren einen Hinweis darauf, wie diese Verbrecher und Emporkömmlinge sich in der Schatzkammer des Kremls einfach mit vollen Händen, ohne zu zählen, bedienten und Kleinodien für ihre jeweiligen Kominternvorhaben im Ausland wegholten. (Für dieselben Zwecke wurden insgeheim auch wertvollste Stücke der staatlichen Museen verkauft.) – Sicher könnte man auch ein ganzes Buch über die kriminelle Vergabe von Konzessionen auf dem Territorium Rußlands schreiben: Mit Vanderlip wurden Verhandlungen über eine fünfzigjährige (!) Nutzung von Erdölvorkommen und Kohlengruben und über die Fischfangrechte von der Kamtschatka bis Wladiwostok geführt; mit dem berüchtigten »Sowjetgegner« Leslie Urquhart über eine langfristige Konzession auf seine früheren Anlagen zur Gewinnung von Buntmetallen und Kohle (in Kyschtym, Ridder, Ekibastus), den Engländern wurde eine 25jährige (bis 1945!) Erdölkonzession in Baku und Grosny angeboten; dem naseweisen Anfänger im Wirtschaftsleben Armand Hammer die Asbestvorkommen bei Alapajewsk (die beiderseitige herzliche Freundschaft und wechselseitige Unterstützung dauerte bis zu seinem Tod in der Gorbatschowzeit an). – Nicht alle damals geplanten Konzessionen kamen zustande, weil man im Westen gewissen Zweifel hegte, ob sich Lenins kleine Gruppe an der Macht halten werde.

Die Geschichte der siebzigjährigen kommunistischen Herrschaft in der UdSSR, die von so vielen Barden, freiwilligen und gekauften, besungen worden ist, einer Herrschaft, die den organischen Lebensablauf des Volkes zerstörte, ist heute bereits – endlich – für viele in ihrer Scheußlichkeit und Widerlichkeit offenbar. Entsprechend der Öffnung der Archive (so sie denn geöffnet werden, viele hat man bereits ganz schnell vernichtet) werden über diese siebzig Jahre zahllose Bände geschrieben werden, und für einen solchen Überblick reicht der Platz in diesem Artikel auch nicht aus. Hier führen wir nur ganz allgemeine Wertungen und Überlegungen an.

Alle Verluste, die unser Volk im Verlauf der hier betrachteten dreihundert Jahre seit der Zeit der Wirren im 17. Jahrhundert erlitten hat, lassen sich auch nicht im entferntesten mit den Verlusten und dem Niedergang während der kommunistischen siebzig Jahre vergleichen.

An erster Stelle steht die physische Vernichtung von Menschen. Nach indirekten Berechnungen verschiedener Statistiker hat die Bevölkerung der UdSSR durch den ständigen inneren Krieg, den die Sowjetregierung gegen ihr eigenes Volk führte, nicht weniger als 45–50 Millionen Menschen verloren. (Prof. I. A. Kurganow kam auf eine Zahl von 66 Millionen.) Dabei lag eine Besonderheit dieser Vernichtung darin, daß man nicht einfach der Reihe nach irgendwelche Menschen umlegte oder daß man sich auf bestimmte Territorien konzentrierte, sondern daß man stets eine bewußte *Auswahl* traf: diejenigen, die durch Protest, Widerstand oder kritisches Denken aufgefallen waren, diejenigen, die durch Begabung oder durch Autorität in ihrem Umfeld aufgefallen waren. Durch diese *Antiauslese* wurden innerhalb der Bevölkerung die ethisch oder intellektuell an der Spitze Stehenden ausgemerzt. Infolgedessen fiel unwiederbringlich das Durchschnittsniveau der Übriggebliebenen, das Volk sank insgesamt auf eine niedere Stufe. Am Ende der Stalinepoche war es schon nicht mehr möglich, das Volk als jenes zu erkennen, das von der Revolution betroffen worden war, jetzt gab es andere Gesichter, andere Charaktere, andere Sitten und Vorstellungen.

Anders als eine physische Vernichtung des eigenen Volkes kann man auch die rücksichtslose, unbarmherzige und unbedachte Art nicht nennen, mit der die Straßen des Sieges in Stalins sowjetisch-deutschem Krieg mit den Leichen der Rotarmisten übersät wurden. (Die »Minenräumaktionen« mit den Füßen der vorwärts getriebenen Infanterie sind nicht einmal das krasseste Beispiel.) Nach Stalins »sieben Millionen Verlusten«, nach Chruschtschows »zwanzig Millionen Verlusten« ist jetzt in der russischen Presse endlich die tatsächliche Zahl abgedruckt worden: einunddreißig Millionen. Eine erdrückende Zahl – ein Fünftel der Bevölkerung! Wann hat welches Volk so viele Menschen in einem Krieg verloren? Unser »Sieg« von 1945 wirkte sich als Festigung der Diktatur Stalins aus – und als totale Entvölkerung der Dörfer. Das Land lag wie ausgestorben da, und die Millionen nun alleinstehender russischer Frauen konnten das Leben des Volkes nicht weitergeben.

Dabei ist die massenhafte physische Vernichtung von Menschenleben noch nicht die höchste Errungenschaft der kommunistischen Macht. Alle, die der Vernichtung entkamen, wurden jahrzehntelang mit einer verdummenden und die Seelen verderbenden Propaganda berieselt, dabei wurden von jedem immer wieder neue Ergebenheitsbekundungen gefordert (und von der gehorsamen Intelligenz wurde darüber hinaus verlangt, diese Propaganda im Detail zu fabrizieren). Diese dröhnende, triumphierende ideologische Bearbeitung ließ das moralische und intellektuelle Niveau des Volkes noch weiter verfallen. (Nur auf diese Weise hat man auch jene alten Leute erziehen können, in deren Erinnerung es eine Ära des Glücks und der Wohltaten war, als sie ihre Arbeit für einen Groschenlohn leisteten und dann zum 7. November ein Pfund Gebäck mit einer bunten Schleife bekamen.)

Hingegen in der Außenpolitik – oh! da wiederholten die Kommunisten keinen einzigen Fehler und keinen Schnitzer der zaristischen Diplomatie, von denen wir in diesem Artikel so viele herausgestellt haben. Die kommunistischen Führer wußten immer genau, was sie brauchten, und jede Handlung war stets und allein auf dieses nützliche Ziel ausgerichtet – nie machten sie auch nur einen großzügigen oder uneigennützigen Schritt. Jeder Schritt war richtig kalkuliert, wobei die Gegner voller Zynismus und Grausamkeit aufs eingehendste abgeschätzt wurden. Erstmals in der langen Geschichte der russischen Diplomatie zeigte die sowjetische Politik Spürsinn, Unnachgiebigkeit, Zähigkeit und Gewissenlosigkeit, und sie übertraf und schlug immer die westliche. (Den altvertrauten Balkan holten sich die Kommunisten ohne große Mühe und vollkommen; sie schnappten sich das halbe Europa; ohne Widerstand drangen sie in Zentralamerika, Südafrika und Südasien ein.) Dabei hüllte sich die sowjetische Diplomatie in ein so attraktives ideologisches Gewand, daß sie bei der westlichen *fortschrittlichen* Gesellschaft auf begeisterte Unterstützung stieß und die westlichen Diplomaten nur mit Mühe Gegenargumente heranziehen konnten. (Es sei jedoch festgehalten: Auch die sowjetische Diplomatie diente nicht den Interessen des eigenen Volkes, sondern fremden Interessen – denen der »Weltrevolution«.)

Diese glänzenden Erfolge trugen pausenlos zur Verdummung der ohnehin geschwächten Köpfe der Sowjetmenschen bei – durch den neuerdachten, a-nationalen *Sowjetpatriotismus*. (Auf diese Weise wurden auch die gegenwärtigen alt gewordenen Vorkämpfer und Anhänger einer Großen Sowjetunion herangezogen.)

Wir wollen hier jetzt nicht die allgemein bekannte Einschätzung der »industriellen Erfolge« der UdSSR wiederholen: Eine leblose Wirtschaft, eine absurde Produktion minderwertiger Waren, nach denen keine Nachfrage bestand, Verschmutzung riesiger Bereiche der Natur und räuberische Ausbeutung der Bodenschätze.

Aber auch bei all diesem Aussaugen der Lebenssäfte der Bevölkerung verfuhr das Sowjetsystem nicht einheitlich. In fester Befolgung von Lenins Prinzipien galt folgendes (und so wurde gehandelt): Der Hauptdruck ist auf die großen Republiken, auf die starken, also die slawischen, auszuüben, in erster Linie also auf das »großrussische Gesocks« (Lenin), die meisten Abgaben sind von den Großrussen zu holen, und zwar zunächst gestützt auf die nationalen Minderheiten: auf die Unions- und die autonomen Republiken. Heute ist es keine Neuigkeit mehr, man hat immer wieder darüber geschrieben, daß die Hauptlast des sowjetischen Wirtschaftssystems die RSFSR getragen hat, daß ihr Haushalt unproportional hohe Abgaben zu leisten hatte, daß sie am wenigsten Investitionen erhielt, daß ihre Bauern die Produkte ihrer Arbeit zwanzigmal billiger zu verkaufen hatten als, beispielsweise, die georgischen (Kartoffeln, Apfelsinen). Vor allem das russische Volk auszuhöhlen und insbesondere seine Kräfte auszulaugen, war eines der unverhüllten Ziele Lenins. Stalin setzte dann diese Politik fort, sogar als er seinen bekannten sentimentalen Toast auf »das russische Volk« ausbrachte.

In der Breschnewzeit (in der man sich die ganze Zeit durch den ausbeuterischen Verkauf von Erdöl ins Ausland hielt, wobei man die technische Ausrüstung bis aufs letzte herabgewirtschaftet hat) wurden neue entsetzliche und nicht wieder gutzumachende Schritte zur »Verkümmerung des Zentrums« unternommen: das »Schließen« von Tausenden und Abertausenden »Dörfern ohne Zukunft« (wobei viele brauchbare Anlagen und Einrichtungen mit Acker- und Weideland aufgegeben wurden). Das war der letzte vernichtende Schlag gegen das noch nicht ganz zugrunde gerichtete russische Dorf, die Verunstaltung des gesamten Antlitzes der russischen Erde. Doch schon holte man zu einem weiteren schrecklichen Schlag aus, der Rußland endgültig erledigt hätte – die »Umleitung der russischen Flüsse«, das letzte wahnwitzige Hirngespinst des verkalkten ZK der KPdSU. In der Endphase und im letzten Moment wurde die Realisierung dieses Planes, Gott sei Dank, von einer kleinen tapferen Gruppe russischer Schriftsteller und Wissenschaftler verhindert.

Die »Antiauslese«, die die Kommunisten mit Methode und Sorgfalt in allen Schichten des Volkes von den ersten Wochen ihrer Machtergreifung, von den ersten Tagen der Tscheka – des Staatssicherheitsdienstes – an durchführten, hat in klarer Voraussicht einen möglichen Widerstand des Volkes im voraus geschwächt. In den ersten Jahren konnte ein derartiger Widerstand noch aufflammen – der Aufstand in Kronstadt mit den gleichzeitigen Streikaktionen des Petrograder Proletariats, die Bauernaufstände in Tambow, Westsibirien und an anderen Orten – aber sie alle wurden mit solchem Sicherheitsüberhang im Blut erstickt, daß sich Ähnliches später auch nicht im Ansatz wiederholte. Als es dann zu kleinen Eruptionen (wie dem Streik der Weber in Iwanowo 1930) kam, da erfuhr nicht nur niemand in der Welt etwas davon, sondern auch keiner im Sowjetland selbst, alles war zuverlässig unterdrückt worden. Ein Aufbrechen der wahren Gefühle des Volkes gegenüber der Macht war nur in den Jahren des sowjetisch-deutschen Krieges möglich – und wie deutlich zeigten sie sich!: allein im Sommer 1941 in den über drei Millionen sowjetischer Kriegsgefangener, die sich bereitwillig ergeben hatten, 1943–44 in den ganzen Karawanen von Menschen, die freiwillig den zurückgehenden deutschen Truppen folgten, so als wären es die eigenen Soldaten... Während der ersten Monate des Krieges hätte die Sowjetmacht leicht zusammenbrechen können, hätte uns von sich befreit, wären nicht der törichte Rassenwahn und die Anmaßung der Hitlerleute gewesen, die unseren leidgeprüften Menschen zeigten, daß unser Volk vom deutschen Einmarsch nichts Gutes zu erwarten hätte. Nur dadurch hat Stalin sich gehalten. Über die Versuche, auf der deutschen Seite russische Freiwilligeneinheiten zu bilden, und über den späteren Beginn der Aufstellung der Wlassowarmee habe ich schon im »Archipel GULag« geschrieben. Dabei ist es charakteristisch, daß sogar *in den allerletzten Monaten* (Winter

1944–45), als bereits für jedermann offensichtlich war, daß Hitler den Krieg verloren hatte, daß sich in diesen letzten Monaten russische Menschen, die sich im Ausland befanden, zu vielen Zehntausenden um Aufnahme in die Russische Befreiungsarmee bewarben! Das war die Stimme des russischen Volkes. Obwohl die Geschichte der Russischen Befreiungsarmee sowohl von den bolschewistischen Ideologen (auch der schüchternen sowjetischen Pseudointelligenz) als auch vom Westen (wo man sich nicht vorstellen konnte, daß die Russen ihr eigenes Ziel einer Befreiung haben konnten) übel verunglimpft wurde, wird sie eine beachtliche und mannhafte Seite in der russischen Geschichte darstellen, an deren Fortdauer und Zukunft wir sogar heute glauben. (General Wlassow wird vorgeworfen, daß er sich nicht gescheut habe, für russische Ziele eine Scheinallianz mit dem äußeren Staatsfeind eingegangen zu sein. Aber auch die Zarin Elisabeth ist, wie wir sahen, eine solche Scheinallianz mit Schweden und Frankreich eingegangen, als es ihr um den Sturz der Bironclique ging: Der innere Feind war zu gefährlich und bereits zu fest verwurzelt.) – In der Nachstalinzeit gab es noch ein paar kurze Eruptionen des russischen Widerstandes – in Murom, Alexandrow, Krasnodar und besonders in Nowotscherkassk, doch auch sie blieben dank der unübertrefflichen bolschewistischen Kunst, Informationen zu unterdrücken, jahrzehntelang der Welt unbekannt.

Nach all den blutigen Verlusten des sowjetisch-deutschen Krieges, nach dem neuen Aufschwung der Stalindiktatur, nach der gewaltigen Verhaftungswelle, um all jene ins Lager zu sperren, die während des Krieges auch nur die leiseste Berührung mit der europäischen Bevölkerung hatten, und schließlich infolge der überaus scharfen Kolchosgesetzgebung nach dem Kriege (für die Nichterfüllung der Arbeitstag-Norm gab es Verbannung!) war allem Anschein nach für das russische Volk und all die Völker, die mit ihm die Sowjetgeschichte teilten, das Ende gekommen.

Aber nein. Auch das war noch nicht das Ende.

Das Ende kam für uns – wie paradox das auch klingen mag –

durch die heuchlerische und verantwortungslose »Perestroika«
Gorbatschows.

Es gab nicht wenige vernünftige Wege einer allmählichen, behutsamen Lösung aus den Trümmerbergen der Bolschewiken.
Gorbatschow wählte den unaufrichtigsten und chaotischsten.
Unaufrichtig, weil er danach suchte, wie er den Kommunismus
und alle Annehmlichkeiten der Parteinomenklatur in leicht veränderter Form bewahren könnte. Chaotisch, weil er mit der gewohnten bolschewistischen Stupidität die Losung »Schneller,
schneller« ausgab, die sich bei der zu Tode gerittenen und verschlissenen industriellen Ausrüstung nicht verwirklichen ließ,
sogar schweren Schaden anrichten mußte. Als die »Beschleunigung« nicht zog, erfand er eine undenkbare »sozialistische
Marktwirtschaft«, deren Folge der Zerfall der Produktionsverbindungen und der Beginn der allgemeinen Ausplünderung der
Produktion war. Diese Perestroika, das heißt, diese »Umgestaltung«, begleitete Gorbatschow mit »Glasnost«, der Transparenz
im Informationsbereich, wobei er kurzsichtig auf eine einzige
Folge hoffte: die Intelligenz zum Verbündeten gegen die härtesten Betonköpfe des Kommunismus zu gewinnen, jene Funktionäre, die den eigenen Vorteil durch die Perestroika als eines anderen Systems der Selbstbedienung nicht begreifen wollten. Er
konnte sich auch im Traume nicht vorstellen, daß er mit dieser
Glasnost zugleich fanatischen nationalistischen Tendenzen in
vielen Bereichen des Landes Tür und Tor weit aufreißen mußte.
(1974 haben wir in dem Sammelband »Stimmen aus dem Untergrund« vorausgesagt, daß es sehr leicht sei, die UdSSR mit nationalen Haßgefühlen in Brand zu stecken. Auch in Stockholm
habe ich damals gewarnt: in der UdSSR werde »wenn man dort
die Demokratie schlagartig einführe, ein mörderischer Krieg
zwischen den Nationen ausbrechen, der diese Demokratie insgesamt im Nu wegfegt«. Aber den Führern der KPdSU war es nicht
gegeben, das zu begreifen.) – 1990 habe ich voller Überzeugung
geschrieben (in »Rußlands Weg aus der Krise«): »So wie jetzt bei
uns alles aus den Fugen geraten ist, wird in jedem Falle die ›Sozialistische Sowjetunion‹ auseinanderbrechen, in jedem Fall!«

(Gorbatschow geriet in Zorn und bezeichnete mich deshalb treffsicher – als »Monarchisten«. Ich wundere mich nicht: Eine führende amerikanische Zeitung kommentierte meinen Satz so: »Solschenizyn kann immer noch nicht von seinen imperialen Illusionen Abschied nehmen«, das war, als man dort selbst noch am meisten Angst vor dem Zusammenbruch der UdSSR hatte.) Damals und ebendort habe ich gewarnt: »Daß wir bloß nicht, statt die Freiheit zu erlangen, von den Trümmern des Kommunismus zerschmettert werden.« Genau das ist eingetreten: Im August 1991 begannen die Betonblöcke massenweise auf die unvorbereiteten Köpfe herabzustürzen und die Wendehals-Führer einiger nationaler Republiken, die jahrzehntelang und bis zum letzten Tag eifrig und erfolgreich die kommunistische Karriereleiter hinaufgestiegen waren, erklärten sich umgehend, manche in 48, andere in 24 Stunden zu fanatischen, alteingesessenen Nationalisten, zu Patrioten ihrer von nun an souveränen Republik, frei vom geringsten kommunistischen Muttermal! (Ihre Namen prangen auch heute am Himmelszelt der Weltpolitik, voller Hochachtung begegnet man ihnen in den westlichen Hauptstädten als Urbildern von Demokraten.)

Betonblöcke und Trümmer prasselten auch in den folgenden Monaten in verschiedenen Gebieten des Volkslebens in solcher Dichte herab, daß sie die davon betroffenen Menschen massenweise unter sich zu begraben drohten. Doch sehen wir uns das der Reihe nach an.

Erste Folge: Die kommunistische Sowjetunion war historisch zum Untergang bestimmt, denn sie war auf trügerischen Ideen aufgebaut. (Vor allem stützte man sich auf die »ökonomische Basis«, die dann ja auch alles mit hinabgerissen hat.) Die UdSSR hat sich siebzig Jahre durch das Stützkorsett einer noch nie gekannten Diktatur gehalten, aber wenn etwas von innen heraus morsch ist, hilft auch kein Stützkorsett.

Heute sind es nicht nur die in ihrem kommunistischen Gedankengut erstarrten Bonzen, sondern auch gar nicht wenige einfache Menschen, denen man den Kopf mit dem Gerede vom »Sowjetpatriotismus« vollgedröhnt hat, die aufrichtig den Zerfall der UdSSR bedauern: war doch »die UdSSR Erbe von Rußlands Größe und Ruhm«, war doch »die sowjetische Geschichte keine Sackgasse, sondern eine gesetzmäßige Entwicklung«.

Was »Rußlands Größe und Ruhm« anbetrifft, so haben wir in unserem historischen Überblick gesehen, für welchen Preis und für welch abwegige Ziele wir uns während der vergangenen dreihundert Jahre übermäßig eingesetzt haben. Die Sowjetgeschichte hingegen war durchaus eine *Sackgasse*. Auch wenn während dieser 20er, 30er, 60er–70er Jahre *nicht Sie und nicht ich* regiert haben, so läßt man doch nur einen die Verantwortung für all die Untaten auch vor der ganzen Welt tragen – nämlich uns, und zwar, das sei festgehalten: *uns Russen allein! In diesem Punkte* überlassen uns alle gern den einzigen und ersten Platz. Auch wenn ein anonymes und habgieriges Rudel getrieben hat, was es wollte, meist dazu noch in unserem Namen, werden wir uns nicht reinwaschen können, wie das die anderen flink getan haben.

Daß wir das Sowjetimperium nicht nur nicht brauchen, sondern daß es zerstörerisch ist – zu diesem Schluß bin ich in den ersten Nachkriegsjahren in den Lagern gekommen. Ich denke also schon lange so, fast ein halbes Jahrhundert, nicht erst seit heute. Auch im »Offenen Brief an die Führer der Sowjetunion« (1973) habe ich geschrieben: »Die Ziele eines großen Imperiums und die moralische Gesundheit eines Volkes sind unvereinbar. Auch wir sollten es nicht wagen, internationale Aufgaben zu erfinden und dafür zu zahlen, solange unser Volk sich in einer derartigen ethischen Armut befindet.« In »Rußlands Weg aus der Krise« schreibe ich: »Ein großes Imperium aufrecht zu erhalten, heißt, sein eigenes Volk umzubringen. Wozu das bunte Gemisch? Damit die Russen ihr einmaliges Gepräge verlieren? Nicht zur weiten Ausdehnung einer Großmacht sollen wir streben, sondern zur Klarheit unseres Geistes in deren Restbestand.« Wir brauchen nicht der Schiedsrichter der Welt zu sein, brauchen nicht um die internationale Führerschaft zu wetteifern (da finden sich Interessenten, die mehr Kräfte haben), alle unsere Bestrebungen sollten *nach Innen* gerichtet sein, auf eine *innere*

Entwicklung mit Freude an der Arbeit. Die Wiederherstellung der UdSSR wäre der sicherste Weg, das russische Volk seiner Eigenart zu berauben und es für immer zum Schweigen zu bringen.

Wir müssen schließlich klar erkennen: Transkaukasien hat seinen eigenen Weg, nicht den unseren, Moldawien – den seinen, das Baltikum den seinen, und für Mittelasien gilt dies um so mehr. Fast alle mittelasiatischen Führer haben bereits verkündet, daß ihre Staaten sich nach der Türkei hin orientieren wollten. (Nicht alle haben die vielversprechende Konferenz in Alma-Ata über die Schaffung eines »Groß-Turan« – von Anatolien bis zum Dsungarischen Altai – bemerkt. Im 21. Jahrhundert wird die mohammedanische Welt, deren Bevölkerungszahl schnell wächst, sich zweifellos anspruchsvolle Ziele stellen. Sollen wir uns etwa da einmischen?)

Das Unglück liegt nicht darin, daß die UdSSR zerfallen ist, denn das war unvermeidlich. Das gewaltige Unglück und die politisch auch noch weit in die Zukunft hinein verworrene Situation liegen darin, daß dieser Zerfall automatisch innerhalb der falschen, von Lenin oktroyierten Grenzen stattgefunden hat und damit Rußland ganz russische Gebiete entriß. Binnen weniger Tage haben wir 25 Millionen ethnisch russische Menschen verloren, 18 % der Gesamtheit der Russen, und die russische Regierung fand nicht den Mut, dieses entsetzliche Ereignis, diese kolossale Niederlage Rußlands wenigstens beim Namen zu nennen und zu erklären, daß sie politisch damit nicht einverstanden ist – und sei es, um sich das Recht für Verhandlungen in der Zukunft zu sichern. Nein. In der Hitze des »Augustsieges« (1991) wurde all das versäumt. (Es wurde sogar der Tag zum Nationalfeiertag ausgewählt, an dem die RSFSR ihre »Unabhängigkeit« erklärte und damit auch ihre Trennung von diesen 25 Millionen.)

An dieser Stelle sind einige Worte über die heutige Ukraine angebracht. Über die ukrainischen kommunistischen Führer, die so schnell ihr Gesicht wechselten, braucht man nicht zu sprechen. Die ukrainischen Nationalisten, die seinerzeit so standhaft gegen den Kommunismus gekämpft haben, in allem gleichsam

Lenin verfluchten, haben sich von Anfang an von seinem vergifteten Geschenk verführen lassen: Voller Freude akzeptierten sie die falschen von Lenin festgelegten Grenzen der Ukraine (sogar noch die Mitgift des selbstherrlichen Chruschtschow, die Krim). Die Ukraine begab sich (wie auch Kasachstan) sofort auf den falschen imperialen Weg.

Es ist nicht nur Rußland, dem ich die Bürde, eine Großmacht zu sein, nicht wünsche. Ich wünsche sie auch der Ukraine nicht. Alle meine besten Wünsche gelten der Entwicklung der ukrainischen Kultur und Eigenständigkeit, von Herzen liebe ich sie – doch warum sollte man nicht mit der Gesundung und geistigen Festigung des nationalen Kerns beginnen, mit kultureller Arbeit im Rahmen der eigentlichen ukrainischen Bevölkerung und der ukrainischen Erde, statt mit dem Drang, eine »Großmacht« zu werden? Ich habe (1990) den Vorschlag gemacht, alle nationalen, wirtschaftlichen und kulturellen Probleme in einem geschlossenen Verband der ostslawischen Völker zu lösen, und meine, diese Lösung sei nach wie vor die beste, denn ich halte uns nicht für berechtigt, durch staatliche Grenzen Millionen familiärer und freundschaftlicher Bande zu zerreißen. Doch in demselben Artikel habe ich die Einschränkung gemacht, daß natürlich niemand wagen würde, mit Gewalt das ukrainische Volk an einer Loslösung zu hindern, allerdings unter voller Garantie der Minderheitenrechte. Sind sich die heutigen Führer der Ukraine und ihrer öffentlichen Meinung im vollen Umfang des ungeheuren Ausmaßes der vor ihnen stehenden kulturellen Aufgaben bewußt? Selbst die ethnisch ukrainische Bevölkerung beherrscht in vielem nicht die ukrainische Sprache oder benutzt sie nicht. (Für 63 % der Bevölkerung ist die hauptsächlich gebrauchte Sprache das Russische, während der Anteil der Russen nur 22 % beträgt: d. h., in der Ukraine kommen auf jeden Russen zwei »Nichtrussen«, die der Ansicht sind, daß Russisch ihre Muttersprache sei!) Es müssen demnach Wege gefunden werden, *alle* nominalen Ukrainer zur ukrainischen Sprache hinzuführen. Dann ergibt sich offenbar auch die Aufgabe, die Russen zum Ukrainischen zu bringen (und all das soll ohne Gewalt gehen?) Ferner: Bisher ist die ukrainische Sprache vertikal noch nicht bis in die oberen Schichten der Wissenschaft, Technik und Kultur vorgedrungen. Auch diese Aufgabe ist zu bewältigen. Doch es kommt noch mehr hinzu: Die ukrainische Sprache muß im internationalen Verkehr obligatorisch gemacht werden. Alle derartigen kulturellen Aufgaben dürften wohl mehr als ein Jahrhundert erfordern. (Bisher aber lesen wir Nachrichten von der Unterdrückung russischer Schulen und sogar von Kindergärten in Galizien, sogar von Überfällen Halbstarker auf russische Schulen, von der örtlichen Unterbindung der russischen Fernsehprogramme oder von einem Verbot für Bibliothekare, mit ihren Lesern russisch zu sprechen. – Soll das etwa der Weg zur Entwicklung der ukrainischen Kultur sein? Da ertönen auch Losungen wie »Russen raus aus der Ukraine!«, »Die Ukraine den Ukrainern!«, obwohl in der Ukraine viele Völkerschaften leben. Wir hören von praktischen Maßnahmen: Wer die ukrainische Staatsangehörigkeit nicht annimmt, bekommt Schwierigkeiten bei der Arbeit, bei der Rente, beim Besitz von Immobilien, verliert sogar das Recht auf Privatisierung – dabei sind doch die Menschen nicht aus dem Ausland eingereist, sondern sie lebten dort… Aber noch schlimmer ist es, daß infolge einer unbegreiflichen Aufhetzung eine antirussische Propaganda geführt wird: Den Offizieren, die den Eid ablegen, wird gesondert die Frage gestellt: »Sind Sie bereit, gegen Rußland zu kämpfen?« Die Sozialpsychologische Führung der Armee baut Rußland zum Feindbild auf, oktroyiert das Thema einer »Kriegsdrohung« durch Rußland. Sobald aus Rußland eine politische Mißbilligung des Verlusts der russischen Territorien an die Ukraine zu ihren Ohren kommt, reagieren offizielle ukrainische Persönlichkeiten mit dem hysterischen Aufschrei: »Das ist Krieg!«, »Das ist der Schuß in Sarajewo!« Wieso bedeutet der Wunsch nach Verhandlungen bereits Krieg? Warum muß man einen Krieg herbeischreien, wo es ihn nicht gibt und ihn nie geben wird?)

Eine noch schlimmere staatspolitische Fehlhandlung ließ sich Nasarbajew zuschulden kommen, der die Absicht verfolgt, mit Hilfe der kasachischen Minderheit die *Mehrheit* der nichtkasachischen, zu ganz anderen Völkern gehörenden Nationalitäten »umzuwandeln«. (So sieht das aus: Man entfernt die Russen von verantwortlichen Posten, schränkt die Selbständigkeit der Kosaken im Ural und in Sibirien ein, macht Überfälle auf orthodoxe Kirchen. Die russischen Ansiedlungen – und jetzt auch schon die großen Städte – erhalten kasachische Namen. Man ordnet an, daß innerhalb von fünf Jahren das Kasachische zu erlernen sei, sogar in Bereichen, wo der russische Bevölkerungsanteil 90 % beträgt. Das lokale Fernsehen wird fast vollständig aufs Kasachische umgestellt, obwohl nur 43 % der Bevölkerung Kasachen sind. Was die anderen erwartet, haben die verfälschten »Wahlen« des Jahres 1994 überdeutlich gezeigt. Mich erreichen sogar Klagen von Deutschen über Gewalttaten der Kasachen, die wasserdicht von den örtlichen Behörden gedeckt werden. Ein Anschluß an die Idee eines »Groß-Turan«, der für Mittelasien sehr leicht ist, erweist sich für Kasachstan als durchaus nicht leicht. Das jetzt mit vielen *Worten* verkündete Programm einer überstaatlichen Euroasiatischen Union – mit einem unvorstellbaren bürokratischen übernationalen Überbau – steht in völligem Widerspruch zu der in Kasachstan unverändert weitergehenden *Praxis* der nationalen Unterdrückung.

Wie ich in dem Essay »Rußlands Weg aus der Krise« schrieb: Die beste Lösung der Frage wäre eine staatliche Union der drei slawischen Republiken und Kasachstans. Der Presse zufolge hat Krawtschuk im Abkommen von Belowesch seinen Kollegen eine reale unverbrüchliche Union zugesagt, »transparente« Grenzen, eine gemeinsame Armee und Währung. Aber das stellte sich nur als ein kurzfristiger Betrug heraus. Nichts dergleichen hat man geschaffen, und einige Zeit später hat Krawtschuk kurz und bündig erklärt: »Schluß mit dem Mythos von den ›transparenten‹ Grenzen.« Indessen kam eine ganz wesentliche Korrektur dazu: Der Übergang zu Weltmarktpreisen für Erdöl sei »seitens Rußlands eine offene Erpressung« (Premierminister Kutschma), sogar »eine Annäherung an die Weltmarktpreise für Erdöl bedeute einen *Wirtschaftskrieg*« (so der ukrainische Botschafter in Moskau; schon wieder das Wort »Krieg«. Es handeln doch alle in der Welt mit Weltmarktpreisen, und keiner nennt das »Krieg«.)

Aber unser Rußland ist jetzt zerrissen: 25 Millionen befinden sich heute »im Ausland«, ohne sich von der Stelle bewegt zu haben, sie blieben einfach dort, wo ihre Väter und Großväter lebten. 25 Millionen – das ist die größte Diaspora in der Welt; nirgendwo gibt es das in der Welt noch einmal. Da sollten wir es wagen, uns damit nicht zu befassen? Wir dürfen das um so weniger unterlassen, als die regionalen Formen des Nationalismus (wie oft nur haben wir zu hören bekommen, man müsse Verständnis für sie haben, müsse verzeihen, sie seien »fortschrittlich«) überall den Weg einschlagen, unsere abgespaltenen Landsleute zu unterdrücken und ihre Rechte zu beeinträchtigen. (Denjenigen, die aus Mittelasien ausreisen wollen, erlaubt man nicht, ihre persönliche Habe mitzunehmen: Man erkennt diesen Begriff nicht an.)

Bei der grundsätzlichen Ablehnung von Gewaltanwendung und Krieg können wir nur drei Wege in Erwägung ziehen:

1. Aus den asiatischen (transkaukasischen und mittelasiatischen) Ländern, wo unsere Leute kaum etwas Gutes erwartet, müssen wir systematisch, sicher in nicht zu knapp bemessenen Fristen, diejenigen Russen, die das wünschen, ausreisen lassen und sie in Rußland solide ansiedeln; für die Zurückbleibenden aber muß nach einem Schutz gesucht werden – entweder in der Form einer doppelten Staatsangehörigkeit oder, oder… über die UN? Eine kümmerliche Hoffnung.

2. Von den Ländern des Baltikums müssen wir eine strikte und vollständige Erfüllung der gesamteuropäischen Normen des Minderheitenrechts fordern.

3. Mit Belorußland, der Ukraine und Kasachstan müssen wir einen praktikablen Grad an Vereinigung in verschiedenen Bereichen suchen und wenigstens »transparente« Grenzen anstreben.

Und wir selbst? In all den Jahren haben wir in Rußland gastfreundlich Platz gefunden für 40 000 Mes'chen, die aus Mittelasien verdrängt und von den Georgiern abgewiesen worden waren, wo die Mes'chen ursprünglich beheimatet waren; auch für die Armenier aus Aserbeidschan; selbstverständlich auch überall für die Tschetschenen, obwohl sie ihre Loslösung erklärt haben. Platz gefunden haben wir sogar für die Tadschiken, die ihren eigenen Staat besitzen – nur nicht für die Russen aus Tadschikistan, obwohl dort über 120 000 leben. Hätten wir uns das rechtzeitig bewußt gemacht, würden wir mittlerweile schon viele von ihnen in Rußland aufgenommen haben und brauchten keine russischen Truppen zum Schutz Tadschikistans gegen Afghanistan zu entsenden. Das ist eine fremde Angelegenheit, da sollten keine Russen ihr Blut vergießen. (Die Frage der gesicherten *Grenzen*, die für Rußland schlagartig aufgehört hatten zu existieren, ist ein gesondertes, ein kompliziertes Problem. Dennoch kann es nur eine einzige Richtung zu ihrer Lösung geben: Keine Anwesenheit russischen Militärs in jenen Republiken, sondern Rückzug auf unser eigentlich rußländisches Territorium.) Aber waren wir etwa nicht verpflichtet, die Rückholung aller Russen aus Tschetschenien zu bewerkstelligen, wo sie verhöhnt werden, wo ihnen jeden Augenblick Überfall, Gewalt und Tod drohen? Haben wir etwa viele aus Tuwa übernommen, als man anfing, von dort die Russen zu verdrängen?

Nein, wir haben in Rußland für Russen *keinen* Platz, kein Geld. Wir weisen sie ab.

Das ist sowohl ein Verrat unserer eigenen Leute, als auch eine Selbsterniedrigung vor der ganzen Welt: Wer sonst in der Welt verfährt noch so? Schauen Sie doch einmal hin, was für eine Aufregung, was für einen Einsatz es in den westlichen Ländern gibt, wenn zwei, drei ihrer Staatsangehörigen irgendwo in Gefahr sind und sich nicht frei bewegen können. Wir hingegen haben 25 Millionen Russen fallengelassen und vergessen.

Das Ausmaß unserer Erniedrigung und Schwäche können wir auch an den unerbittlichen Verurteilungen spüren, die der Westen über uns fällt. Das Helsinki-Abkommen, das (auf Druck der UdSSR, um deren Eroberungen in Europa abzusichern) die Unverletzbarkeit *staatlicher* Grenzen betrifft, haben die westlichen Staatsmänner unbedacht und verantwortungslos auf *innere*, auf *administrative* Grenzen übertragen – und dies mit so unüberlegter Eile, daß dadurch ein mehrjähriger mörderischer Krieg in Jugoslawien entfacht worden ist (wo Tito die vielen falschen Grenzen gezogen hatte), und ebenso in der zerfallenden UdSSR – in Sumgait, Duschanbe, Bischpek, Osch, Fergana, Mangaschlyk, Karabach, Ossetien, Georgien (es sei aber festgehalten: Nicht in Rußland ist das geschehen, und es waren keine Russen, die diese Blutbäder provozierten). Richtig jedoch wäre: nicht die Grenzen sollten unantastbar sein, sondern der Wille der Nationen, die ein Territorium bevölkern. Präsident Busch war taktlos genug, sich *vor* dem ukrainischen Referendum einzumischen und seine Sympathie für die Loslösung der Ukraine – im Rahmen der von Lenin gezogenen Grenzen – zum Ausdruck zu bringen. (Würde er so etwas zum Beispiel etwa auch in bezug auf Nordirland sagen?...) – Der amerikanische Botschafter in Kiew, Popadjuk, hielt es für vorteilhaft zu erklären, daß Sewastopol echt ukrainisches Territorium sei. Aufgrund welcher historisch wissenschaftlicher Erkenntnis oder welcher juristischen Fakten gab er sein gelehrtes Urteil ab? Dazu hat er sich nicht geäußert. Er brauchte das auch nicht: Unverzüglich hat das Statedepartment die Meinung des Herrn Popadjuk bestätigt. Das bezog sich auf Sewastopol, bei dem sogar der querköpfige Chruschtschow nicht auf den Gedanken gekommen war, es der Ukraine zu »schenken«, denn es war immerhin aus der Krim als eine der zentralen Administration unterstellte Stadt ausgenommen worden. (Nebenbei gesagt: Weshalb hat sich das Statedepartment überhaupt zu Sewastopol zu äußern?)

Gleichzeitig ruft der Schwätzer Shirinowski, gegen dessen Ausbrüche alles harmlos ist, was jemals an Kritik über die russische Politik geäußert wurde, bei seinen törichten, schreierischen und wahnwitzigen Auftritten dazu auf, bald Mittelasien zu einer Wüste zu machen, bald zum Indischen Ozean vorzudringen, bald Polen oder das Baltikum zu schlucken, bald die Herrschaft auf dem Balkan zu übernehmen. Eine schlechtere Karrikatur des russischen Patriotismus läßt sich nicht erfinden und kein sicherer Weg vorschlagen, Rußland im Blut zu ertränken.

Zweifellos haben viele westliche Politiker ein lebhaftes Interesse daran, daß Rußland schwach ist und weiter aufgeteilt wird. (Schon so manches Jahr legt das der amerikanische Sender »Liberty« unseren Hörern beharrlich nahe.) Aber ich sage überzeugt: Diese Politiker können sich die Entwicklung im 21. Jahrhundert schlecht vorstellen. Da wird es Situationen geben, in denen ganz Europa und die USA Rußland dringend als Verbündeten brauchen.

Die zweite Folge des Zusammenbruchs des Kommunismus in der UdSSR sollte, wie es an jenen Augusttagen überhitzt erklärt wurde, die unverzügliche Errichtung einer Demokratie sein. Aber was für eine Demokratie kann von heute auf morgen auf einem siebzigjährigen totalitären Boden wachsen? Allzu deutlich sehen wir, was da in den Randrepubliken gewachsen ist. Und in Rußland? Nur mit giftigem Spott kann man unsere Regierungsform seit 1991 als demokratisch bezeichnen, d.h. als eine Macht des Volkes. Wir haben schon deshalb keine Demokratie, weil keine lebendige, ungebundene örtliche Selbstverwaltung geschaffen worden ist: Sie blieb dem Druck derselben örtlichen Kommunistenbosse ausgesetzt, Moskau aber bleibt ohnehin unerreichbar. Das Volk ist bei uns auch nicht im geringsten Herr seines Schicksals, sondern dessen Spielball. In der Provinz herrscht eine verzweifelte Stimmung: »an uns denkt sowieso keiner«, »uns braucht ja keiner« – und das stimmt. Auf das Volk haben sich neue, in dieser Art noch nie erlebte Lasten gelegt, doch die kommunistische Nomenklatura hat sich seit der Vorbereitungsperiode unter Gorbatschow herausgewunden, hat sich prächtig im Gewand von »Demokraten« angepaßt und nicht so gelitten wie das Lebensfundament des Landes. (Die »Goldsöhnchen« der Nomenklatura, die Zöglinge der privilegierten kommunistischen Hochschulen, sind entweder direkt in die Führungsposten des Landes nachgerückt oder, wenn sie dies vorzogen, nach Amerika übersiedelt, das ihre Väter verfluchten und dabei sogar mit dem Schuh auf den Tisch schlugen); auch die anderen bereiten sich im Westen ihre Landebahnen vor. Die Exekutive und die sogenannte Legislative haben anderthalb Jahre ermüdend, bis zur beiderseitigen Erschöpfung, gegeneinander gekämpft – zur Schande des ganzen Landes. (Auch hier wollen wir nicht versäumen, auf eine paradoxe Situation hinzuweisen: Der Oberste Sowjet, die Anhänger der totalitären Macht, waren aus taktischen Erwägungen gezwungen, mit größter Intensität für die »Prinzipien der Demokratie« einzutreten; doch die »Demokraten« setzten sich aus ebensolchen taktischen Beweggründen mit ganzer Kraft für die autoritäre Ausgestaltung der Macht ein. So fest waren die Prinzipien der einen wie der anderen.) Die beiden einander bekämpfenden Seiten kokettierten verantwortungslos um die Wette mit dem Separatismus der autonomen Republiken und brachten rebellische Gebiete und Regionen dazu, sich zu Republiken zu erklären. Was blieb ihnen für ein Ausweg? Hätte dieses Schmierenschauspiel der Doppelherrschaft nicht geendet, wäre Rußland schon in kleine Teilstücke zerfallen. (Mit seinem »Föderationsvertrag« trifft uns Lenin noch einmal schmerzlich aus dem Mausoleum. Aber Rußland war nie eine Föderation und ist nicht als solche entstanden.)

Als diese Krise überwunden wurde – mit Blut, mit Dreinschlagen auf Unbeteiligte und wieder zur Schande des Landes –, da baute man an der Demokratie nicht von unten, sondern *von oben*, vom zentralen Parlament aus und auf die schlechteste Weise, nämlich über »Parteilisten«, wo eine Partei entscheidet, wer sich für ihren Wahlkreis einsetzen wird. Die luxuriösen Privilegien der parlamentarischen Abgeordneten seien angesichts der Armut des Landes nicht vergessen. Eine tief verwurzelte unglückliche russische Eigenschaft: Wir können es einfach nicht lernen, uns *von unten* her zu organisieren, sondern neigen dazu, Befehle vom Monarchen oder von einem Führer zu erwarten, oder von einer geistigen oder politischen Autorität. Die aber gibt es nun wirklich nicht, da oben herrscht kleinkarierte Geschäftigkeit.

Die dritte Folge des Zusammenbruchs des Kommunismus sollte die Rückkehr zur heißersehnten (seit dem alten Rußland verlorenen) *Marktwirtschaft* sein (nach unseren kommunistischen Gepflogenheiten hieß es auch »zur lichten künftigen Marktwirtschaft!«). Aber schon Gorbatschow hat sieben Jahre verloren, trat auf der Stelle, in denen man diesen Übergang vernünftig und schrittweise hätte einleiten können – mit einer Belebung des ökonomischen Organismus von ganz unten, von winzigen Betrieben für den täglichen Bedarf, damit das Volk erst einmal zu Essen gehabt und seine Sachen in Ordnung gebracht hätte, erst danach hätte man sich höher hinauf bewegen sollen. Aber nein, im Januar 1992 brach ein (vom Internationalen Währungsfonds und von Gaidar vertretenes) Kabinettsprojekt auf das Land nieder (»eine Entscheidung im laufenden Prozeß«, »da war keine Zeit, die beste Lösung auszuwählen« – so erinnerte sich später der Präsident), ein Projekt, welches »das Volk nicht schonte«, sondern ihm einen heftigen »Schock« versetzte; ein Projekt voller Unkenntnis, die selbst das Laienauge erkennt: man gab die Preise frei, ohne im Lande Produzenten zu haben, die miteinander konkurrierten, gab also den Monopolproduzenten die Freiheit, so hoch es ihnen beliebte und wie lange es ihnen beliebte, die Preise zu erhöhen. (Der Autor der Reform gab zunächst unüberlegt der Hoffnung Ausdruck, die Preise würden sich »so in zwei Monaten etwa« stabilisieren, »etwa in einem halben Jahr«, doch Gründe, warum sie sich stabilisieren sollten, gab es nicht. Und keiner fand den Mut, seinen kurzsichtigen Fehler zuzugeben.) Da sind uns alle Folgen des Kommunismus wirklich gründlich hochgekommen! Die Produktion wurde durch nichts stimuliert, sie fiel stark, die Preise stiegen rapide, das Volk geriet in tiefste Armut – und für die beiden verflossenen Jahre ist das bisher das Hauptergebnis der Reform.

Nein, noch nicht das entscheidende. Die schrecklichste Folge dieser wahnwitzigen »Reform« ist nicht wirtschaftlicher, sondern psychologischer Natur. Das hilflose Entsetzen, die Verlorenheit, die unsere Volksmassen durch die Gaidarschen Reformen ergriff, und den offenkundigen Triumph der rücksichtslosen Haie des produktionslosen Kommerzes (in ihrem selbstherrlichen Wahn schämen sie sich nicht einmal, ihren Jubel im Fernsehen zu zeigen) kann man nur damit vergleichen, was Gleb Uspenski den »Angriff des Rubels« nannte, den der Bauer nach der Reform, die die Abschaffung der Leibeigenschaft brachte, nicht ausgehalten hat. Seitdem hat sich Rußland auch langsam auf die Katastrophe zu bewegt.

Die genaueste Spiegelung und Beurteilung der jetzigen Reform gibt uns unsere Demographie. Hier sind die Daten, die jetzt schon in der Weltstatistik enthalten sind: Im Jahre 1993 überstieg die Zahl der Todesfälle in Rußland die Zahl der Geburten um 800 000. 1993 kamen auf 1000 Menschen 14,6 Todesfälle, das sind um 20 % mehr als 1992 (»die Reform«!), an Geburten waren es 9,2 auf 1000 – um 15 % weniger als 1992. Während der letzten zwei Jahre (»die Reform«!) stieg die Zahl der Selbstmorde kraß an – auf ein Drittel aller unnatürlichen Todesfälle. Die verzweifelten Menschen sehen nicht, wofür sie leben sollen, wozu Kinder gebären? Wenn im Jahre 1875 in Rußland im Schnitt auf eine Frau sieben Kinder kamen, vor dem Zweiten Weltkrieg in der UdSSR drei, noch vor fünf Jahren 2,17, so sind es heute kaum mehr als 1,4. Wir *sterben aus*. Die Lebenserwartung eines Mannes ist auf sechzig Jahre abgesunken, d. h. sie entspricht dem Stand von Bangladesch, Indonesien und Teilen von Afrika. Von den Demographen hören wir: »es ist schwer, daran zu glauben, selbst, wenn man die realen Zahlen vor Augen hat; eine derartige Erscheinung wird in einem Industriestaat außerhalb von Krieg und Epidemien erstmalig beobachtet«, ein »derartig drastischer Abfall der Lebensdauer ist sonst in der Nachkriegszeit nie vorgekommen. Das ist wirklich erschütternd«; »Rußland steht vor einer nie dagewesenen demographischen Krise« (New York Times, 6. 3. 1994).

Der gegenwärtige »Angriff des Dollars« – ist nur eine weitere, noch eine (die letzte schon?) Quittung für den Wahnsinn und den Zusammenbruch des Jahres 1917. Wir schaffen jetzt eine grausame, raubtierartige, verbrecherische Gesellschaft, die noch übler ist als die Vorbilder, die wir uns vom Westen zu kopieren bemühen. Kann man überhaupt eine Lebensweise kopieren? Sie muß organisch mit den Traditionen eines Landes verfließen. Blicken wir nach Japan. Es hat nichts kopiert, ist in die Zivilisation der übrigen Welt eingetreten, ohne sein eigenes Gesicht zu verlieren. Wie es Gustave Le Bon definierte: Die Nationalseele bildet sich aus einer Verbindung der Traditionen, Gedanken, Empfindungen und Vorurteile heraus. Das kann man nicht alles beiseite lassen, soll es auch nicht. Schon das dritte Jahr hören wir nichts anderes als das Gerede über die Wirtschaft. In Wirklichkeit aber ist die Krise in unserem Land gegenwärtig um vieles tiefer als die wirtschaftliche. Es handelt sich um eine Krise des Bewußtseins und der Moral. Sie ist so tief, daß sich nicht ermessen läßt, wie viele Jahrzehnte wir brauchen werden – vielleicht sogar ein Jahrhundert –, um uns davon zu erholen.

Doch wir wollen uns auf unser Thema beschränken, auf die »russische Frage« (ich setze das in Anführungszeichen, weil der Ausdruck oft verwendet wird).

Die russische oder die rußländische Frage?

In unserem Staate mit seinen vielen Nationalitäten haben beide Termini ihren Sinn, und man sollte dies beachten. Alexander III. hat gesagt: »Rußland muß den Russen gehören.« Aber seitdem ist die Welt um ein Jahrhundert älter geworden, und es wäre nicht angemessen, so zu reden (oder, im Stil der ukrainischen Chauvinisten, zu fordern »Rußland den Russen«). Entgegen den Voraussagen vieler weiser Apologeten des Humanismus und des Internationalismus verlief das 20. Jahrhundert unter einer weltweiten erheblichen Verstärkung der nationalen Gefühle, und dieser Prozeß weitet sich noch aus. Die Nationen widersetzen sich den Versuchen einer weltübergreifenden Nivellierung ihrer Kulturen. Das Nationalbewußtsein aber muß man immer und überall ausnahmslos respektieren. (Ich habe auch in »Rußlands Weg aus der Krise« geschrieben: In Rußland »muß eine fruchtbare Gemeinschaft der Nationen gefestigt werden, bei Wahrung jeder darin lebenden Nation und der Erhaltung jeder Sprache«.) – Sowohl der Begriff »russisch« als auch der Begriff »rußländisch« hat jeweils sein Bedeutungsfeld. (Nur der Begriff »der Rußländer«, der vielleicht im offiziellen Sprachgebrauch unvermeidlich ist, klingt dürr. Für die Moldauer oder die Tschuwaschen gibt es auch keine derartigen Wortbildungen.)

Man erinnert zu Recht daran, daß auf den Weiten der rußländischen Ebenen, die Jahrhunderte für Völkerwanderungen offenstanden, sich viele Stämme mit dem russischen Ethnos gemischt haben. Doch wenn wir von einer »Nationalität sprechen, denken wir nicht an das *Blut*«, sondern immer an den *Geist, das Bewußtsein*, die Richtung dessen, dem ein Mensch den Vorzug gibt. Die Blutmischung definiert nichts. Schon jahrhundertelang gibt es den russischen Geist und die russische Kultur, und alle, die diesem Erbe mit ihrer Seele, ihrem Bewußtsein und dem Schmerz ihres Herzens verbunden sind – das sind eben die *Russen*.

Gegenwärtig wird Patriotismus in jeder ehemaligen Randrepublik als »fortschrittlich« angesehen, und keiner wagt es, einen fanatischen, kriegerischen Nationalismus dort als »Chauvinismus« oder, Gott bewahre, als »Faschismus« zu bezeichnen. Dagegen klebt an dem russischen Patriotismus schon seit den revolutionären Demokraten vom Anfang des 20. Jahrhunderts die Bezeichnung des »reaktionären«, und sie löst sich nicht. Derzeit wird jegliche Äußerung des russischen nationalen Bewußtseins scharf verurteilt und sogar übereilt in die Nähe des »Faschismus« gebracht (den es in Rußland nie gegeben hat und der ohne eine rassische Grundlage, einen Staat, dessen Bevölkerung nur zu einer Rasse gehört, gar nicht möglich ist).

In meinem Aufsatz »Reue und Selbstbeschränkung« (1973) mußte ich einmal den Begriff Patriotismus definieren. Jetzt, nach zwei Jahrzehnten, kann ich weiter dazu stehen: »Patriotismus, das ist das ganzheitliche und festverankerte Gefühl der Liebe zu seiner Heimat und zu seiner Nation, verbunden mit der Verpflichtung ihnen beiden zu dienen, und zwar nicht sklavisch, nicht durch Unterstützung unberechtigter Ansprüche, sondern offen für das Erkennen ihrer Schwächen und Mängel.« Auf einen *derartigen* Patriotismus hat jede Nation ein Recht, und die Russen nicht weniger als andere. Eine andere Sache ist es, daß der Patriotismus nach dem von den Russen erlittenen Aderlaß, den Verlusten durch die »Antiauslese«, der Unterdrückung und Vernebelung des Bewußtseins heute in Rußland in verschiedene Formen aufgesplittert ist, daß er nicht als eine geschlossene, selbstbewußte Bewegung existiert und daß viele, die sich selbst

»Patrioten« nennen, in dem Verlangen nach einem Halt sich dem Kommunismus zuneigen und sich mit diesem besudelt haben. (Sie richten auch noch mit schwachen Händen erneut das Gespenst des Panslawimus auf, der Rußland schon so viel geschadet hat und von uns gegenwärtig überhaupt nicht zu bewältigen ist.)

S. N. Bulgakow hat einmal geschrieben: »Jene, die aus ganzer Seele für ihre Heimat litten, waren zugleich ihre aufrichtigsten Ankläger. Doch nur eine leidende Liebe gibt auch das Recht zur nationalen Selbstanklage; dort, wo diese Liebe fehlt, ... handelt es sich um eine Verunglimpfung der Heimat, um ein Lächerlichmachen der Mutter... das löst Widerwillen aus...«

In diesem Bewußtsein und aus solchem Recht heraus schreibe ich auch jetzt dieses nieder.

Der kurze und spezifische Überblick über die russische Geschichte der letzten vier Jahrhunderte, den ich oben in diesem Artikel gegeben habe, könnte entsetzlich pessimistisch wirken, die »Petersburger Periode« zu unrecht entthront, wenn es nicht den gegenwärtigen tiefen Fall und das niedrige Niveau des russischen Volkes gäbe. (Unter dem Zauber des Glanzes dieser »Petersburger Periode« – der Vergleich mit der bolschewistischen Periode tat sein übriges – haben die Bewohner der Stadt an der Newa vor drei Jahren mit großem Enthusiasmus – keineswegs in Anpassung an das 20. Jahrhundert und an unser zerfetztes, zerlumptes Land – wie ein weißes gestärktes Jabot den Namen »Sankt Petersburg« wiederhergestellt.) Wie hat das einst so mächtige und vor Gesundheit strotzende Rußland nur so tief fallen können? Drei große, schmerzhafte »Perioden der Wirren« – im 17. Jahrhundert, im Jahre 1917 und in unserer Gegenwart – können doch kein Zufall sein. Dazu haben grundlegende staatliche und geistige Sünden geführt. Wenn wir vier Jahrhunderte lang die Kraft des Volkes für überflüssige außenpolitische Aufgaben vergeudet haben und im Jahre 1917 so blind den billigen Aufrufen zu Raub und Desertion folgten, dann muß irgendwann die Zeit gekommen sein, dafür zu zahlen. Ist unsere heutige jämmerliche Lage nicht das Ergebnis all dessen, was sich im Laufe unserer Geschichte angestaut hat?

Damit wären wir bei der Großen Russischen Katastrophe der neunziger Jahre des 20. Jahrhunderts angelangt. Während dieses Jahrhunderts hat vieles dazu beigetragen: das Jahr 1917, siebzig Jahre bolschewistischer Zersetzung, die Millionen, die in den Archipel GULag geholt wurden, die Millionen, die rücksichtslos im Krieg geopfert wurden, so daß nur in wenige russische Dörfer Männer zurückgekehrt sind – und der gegenwärtige »Angriff des Dollars« auf das russische Volk unter der Aureole der genüßlich feiernden und laut lachenden Neureichen und Diebe.

Zu dieser Katastrophe gehört als erstes unser Aussterben. Dabei werden die Verluste noch anwachsen: Wie viele Frauen werden sich bei der gegenwärtigen undurchschaubaren Armut dafür entscheiden, ein Kind zur Welt zu bringen? Nicht weniger gehören zu dieser Katastrophe die behinderten und kranken Kinder, deren Zahl infolge der Lebensbedingungen und des maßlosen Alkoholismus der Väter zunehmen wird. Sodann der völlige Zusammenbruch unserer Schule, die nicht in der Lage ist, heute eine Generation mit ethischem Bewußtsein und Kenntnissen heranzuziehen. Die Wohnungssituation ist so armselig, wie man es in der zivilisierten Welt seit langem nicht mehr kennt. Dazu kommt ein Staatsapparat, in dem es vor bestechlichen Menschen nur so wimmelt – bis hin zu solchen, die Ausländern für ein Spottgeld Konzessionen zur Ausbeutung unserer Erdölfelder oder Vorkommen seltener Metalle geben. (Was ist denn auch zu verlieren, wenn unsere Vorfahren in acht Kriegen, die uns ausgelaugt haben, ihr Blut vergossen haben und so schließlich zum Schwarzen Meer vorgedrungen sind, das jetzt alles aber über Nacht verschenkt worden ist?) Die Katastrophe liegt auch in der Spaltung der Russen in gleichsam zwei verschiedene Nationen: in den gewaltigen provinziell-dörflichen Block und in die diesem ganz unähnliche, anders denkende, an Zahl geringe, mit westlicher Kultur verbundene Gruppe von Großstädtern. Ferner liegt die Katastrophe in dem heutigen amorphen Charakter des russischen Nationalbewußtseins, in der grauen Gleichgültigkeit gegenüber der eigenen nationalen Zugehörigkeit und einer noch größeren Gleichgültigkeit gegenüber den ins Unglück geratenen

Landsleuten. Zur Katastrophe trägt auch die Verkrüppelung unseres Intellekts durch die Sowjetepoche bei: Der Betrug und die Verlogenheit des Kommunismus haben sich derart auf das Bewußtsein gelegt, daß viele diesen Schleier vor ihren Augen nicht einmal erkennen. – Eine Katastrophe ist schließlich auch darin zu sehen, daß wir für die Lenkung des Staates zu wenige Menschen haben, die zugleich weise, mutig und uneigennützig wären. Es gibt keinen neuen Stolypin, in dem sich diese drei Eigenschaften vereinten.

Der russische Volkscharakter, der unseren Vorfahren wohlvertraut war, den unsere Schriftsteller so oft dargestellt und den einfühlsame Ausländer beobachtet haben, wurde während der ganzen Sowjetepoche unterdrückt, getrübt und zerbrochen. Aus unserer Seele entschwanden unsere Offenheit, Gradheit und edle Einfachheit, die natürliche Ungezwungenheit, die Verträglichkeit, die gläubige Annahme des Schicksals, die langmütige Geduld, die Ausdauer, der Verzicht auf äußeren Erfolg, die Bereitschaft, Schuld bei sich selbst zu suchen, die Bereitschaft zur Reue, die Bescheidenheit beim Vollbringen großer Taten, die Fähigkeit zum Mitleid und die Großmut. Die Bolschewiken haben unser Wesen zerrüttet, verbogen und ausgebrannt, am meisten haben sie die Fähigkeit zum Mitleid, die Hilfsbereitschaft und das Gefühl der Brüderlichkeit ausgemerzt, was sie aber förderten, das war das Schlechte und Grausame, ohne dabei die gravierende Schwäche unseres nationalen Charakters auszugleichen: die unterentwickelte Fähigkeit zu eigener freier Betätigung und zur Selbstorganisation; statt dessen werden wir zu allem von Kommissaren angehalten.

Der Rubel-Dollarangriff der neunziger Jahre hat unseren Charakter wieder in neuer Weise erschüttert: Wer sich die alten guten Wesenszüge noch bewahrt hatte, war nun auf den neuen Lebensstil am wenigsten vorbereitet, erwies sich als hilfloser, untauglicher Versager, unfähig, den Lebensunterhalt zu verdienen (wie schrecklich, wenn Eltern so vor ihren Kindern dastehen), und konnte nur mit weit aufgerissenen Augen nach Luft schnappen, wenn die neue Menschenrasse sie mit dem neuen Kampfruf überrollte: »Geld machen, Geld machen, egal wie! Ob mit Betrug, ob mit Sex, sonstigem Laster oder mit dem Verkauf des mütterlichen Eigentums (dem Ausverkauf der Heimat)!« »Geld machen« wurde zur neuen (und doch so erbärmlichen) Ideologie. Die zerstörerische, alles in Trümmer legende Umgestaltung hat bisher unserer Volkswirtschaft noch nichts Gutes und keinen Erfolg gebracht, und eine Entwicklung in dieser Richtung ist auch nicht abzusehen – sie hat unserem Volkscharakter den Atem des Verfalls eingehaucht.

Gebe Gott, daß dieser Zerfall nicht endgültig sei.

(All das hat auch seinen Niederschlag in der Sprache, dem Spiegel eines Volkscharakters, gefunden. Unsere Landsleute haben während der ganzen Sowjetepoche ständig Verluste hinnehmen müssen, doch jetzt haben sie in schlimmer Weise sogar die eigentliche *russische* Sprache verloren... Ich will nicht über die Börsenmakler sprechen, nicht über billigen Journalistenstil, nicht über schriftstellernde Damen in den Metropolen, sondern es sind sogar Schriftsteller aus dem Bauernstand, die sich mit Widerwillen abwenden: wie ich es wagen könne, ursprüngliche, klangvolle russische Worte zu verwenden, die seit Jahrhunderten in der russischen Sprache existiert haben. Sogar diesen Schriftstellern sind solche wunderlichen Neubildungen im Russischen wie Briefing, Pressing, Marketing, Rating, Holding, Voucher, Establishment, Konsensus und Dutzende ähnlicher Worte geläufiger, erregen in keiner Hinsicht Anstoß. Was für eine totale Taubheit...)

Die »russische Frage« kann am Ende des 20. Jahrhunderts unzweideutig nur so gestellt werden: *Sein oder Nichtsein* für das russische Volk. Nun rollt über die ganze Erdkugel eine Welle der glättenden, banalen Nivellierung der Kulturen, der Traditionen, der Nationalitäten und der Charaktere. Indessen lehnen sich nicht wenige mit innerer Sicherheit, sogar voller Stolz dagegen auf! Wir gehören aber nicht zu ihnen. Wenn die Sache so weitergeht, dann muß man wohl in einem Jahrhundert das Wort »russisch« aus den Lexika streichen.

Wir müssen aus dem derzeitigen entwürdigenden Zustand der

Verlorenheit herauskommen, wenn schon nicht für uns selbst, so doch im Gedenken an unsere Vorfahren und um unserer Kinder und Enkel willen.

Heute drehen sich die Gespräche immer nur um ein und dasselbe Thema – die Wirtschaft. Tatsächlich würgt uns unsere zugrunde gerichtete Wirtschaftslage. Wirtschaftliche Fragen sind natürlich auch für amorphes ethnisches Material von Bedeutung, wir aber müssen vor allem unseren Charakter, die Traditionen unseres Volkes, unsere nationale Kultur und unseren historischen Weg retten.

Der russische Emigrant Professor N. S. Timaschew hat einmal richtig festgestellt: »In jedem gesellschaftlichen Zustand gibt es in der Regel verschiedene Möglichkeiten, die sich, wenn sie deutlich werden, zu Tendenzen der gesellschaftlichen Entwicklung wandeln. Es läßt sich nicht mit absoluter Sicherheit voraussagen, welche dieser Tendenzen sich verwirklichen: Das hängt von dem Aufeinandertreffen der verschiedenen Tendenzen ab. Daher spielt der Wille der Menschen eine erheblich größere Rolle, als das die alte materialistische Evolutionstheorie vertrat.«

Das ist eine christliche Auffassung.

Unsere Geschichte kommt uns heute aussichtslos vor. Aber vielleicht wird sie, wenn wir unseren guten Willen aufrichtig einsetzen, jetzt einen Neubeginn nehmen – ganz gesund, auf ihre innere Gesundheit ausgerichtet, in ihren eigenen Grenzen, ohne Hang zu fremden Belangen, wie wir es zur Genüge in dem einleitenden Überblick sahen. Erinnern wir uns noch einmal an Uspenski, was er über die Aufgaben der Schule geschrieben hat: »Das egoistische Herz zu einem umfassend mitleidenden Herzen zu machen.« Eine solche Schule zu schaffen, streben wir an: In die erste Klasse setzen sich die Kinder eines noch verwahrlosten Volkes, aus der letzten aber werden sie mit einem ethisch gerüsteten Geist entlassen.

Wir müssen ein *ethisches* Rußland aufbauen – oder gar keines, sonst ist alles egal. Alle guten Samen, die in Rußland wundersamerweise noch nicht zertreten sind, müssen wir hegen und pflegen. (Ob uns die orthodoxe Kirche dabei hilft? In den Jahren des

Kommunismus ist sie noch gründlicher als alles andere zerschlagen worden. Dazu kommt die innere Aushöhlung durch ihre drei Jahrhunderte lange Ergebenheit gegenüber der Staatsmacht, wodurch sie den Impuls zu starken gesellschaftlichen Aktivitäten verloren hat. Jetzt aber, wegen der aktiven Expansion fremder Konfessionen und Sekten in Rußland, die über reiche Finanzmittel verfügen, wird angesichts des »Prinzips der gleichen Möglichkeiten« die arme russische Kirche und die Orthodoxie überhaupt aus dem russischen Leben verdrängt. Schließlich bedeutet der neue Aufschwung des Materialismus, in diesem Falle des »kapitalistischen«, für alle Religionen insgesamt eine Bedrohung.)

Immerhin ersehe ich aus zahlreichen Briefen, daß es in der russischen Provinz, in den Weiten Rußlands weithin verstreut geistig gesunde Menschen gibt, oft auch junge, die isoliert leben, ohne geistige Anstöße. Ich hoffe im Zusammenhang mit meiner Rückkehr in die Heimat viele von ihnen zu sehen. Die Hoffnung liegt gerade und ausschließlich bei diesem gesunden Kern an Menschen. Vielleicht werden sie, wenn sie heranwachsen, einander gegenseitig beeinflussen und ihre Bemühungen vereinen, allmählich unsere Nation Schritt um Schritt gesund machen.

Zweieinhalb Jahrhunderte sind vergangen, aber unverändert steht als Erbe von P. I. Schuwalow vor uns die unerfüllte Forderung der »Bewahrung des Volkes«.

Nichts ist für uns heute wichtiger. Genau das ist sie – die »russische Frage« am Ende des 20. Jahrhunderts.

ANHANG

Wolfgang Kasack
Der Schriftsteller als Publizist.
Zusammenbruch und Wiederaufbau Rußlands
aus der Sicht Solschenizyns 1993 / 1994

Alexander Solschenizyn war nicht nur in den Jahren 1993 und 1994, aus denen die hier aufgenommenen Texte stammen, mit 75 Jahren der bekannteste lebende russische Schriftsteller, sondern er ist dazu schon vor dreißig Jahren geworden. Er verdankt diesen Bekanntheitsgrad zunächst einmal seinem literarischen Werk, wobei ihm bereits der erste, 1962 veröffentlichte kurze Roman »Ein Tag des Iwan Denissowitsch« blitzartig Weltruhm verschafft hatte. Er verdankt diese herausragende Stellung aber auch seinem unerschrockenen Mut gegenüber der Sowjetischen Regierung, gegen deren Mißachtung der Menschenrechte und Unterdrückung der Freiheit des Wortes er als Einzelkämpfer anging – als »kleines Kalb« gegen die »Eiche«, wie er es im Titel seines Buches über diese Jahre bildhaft nannte. Alexander Solschenizyn kämpfte mit der Wahrheit gegen die Lüge.

Die Verfälschung objektiver Tatbestände der russischen Gegenwart und Vergangenheit durch die sowjetische Presse, Literatur und Geschichtsschreibung waren ein wesentlicher Impuls für Solschenizyns Schaffen. In einem Streben nach maximaler Wiederherstellung der Wahrheit stellt er in seinen literarischen Werken das Selbsterlebte und Selbsterforschte dar. Er ergänzt seine literarischen Werke durch unmittelbar publizistische Texte: offene Briefe, wie den von 1974 an die »Führer der Sowjetunion«, Aufrufe, wie seinen berühmt gewordenen »Lebt nicht mit der Lüge«, und Reden, wie die in diesem Band abgedruckten. Zu diesen publizistisch-analytischen Texten gehört auch die kurz vor dem endgültigen Zusammenbruch der UdSSR 1990 erschienene Schrift »Rußlands Weg aus der Krise« (so der Titel der deutschen Ausgabe), in der er darlegte, »Wie wir Rußland umgestalten sollen« (so – wörtlich übersetzt – sein eigener

Titel). Allein die russische Ausgabe erreichte durch Abdruck in Zeitungen der Emigration und seiner damals noch kommunistisch regierten Heimat sowie in selbständigen Broschüren eine Auflage von 26 Millionen. Viele Gedanken, die er in den Reden und Interviews des Jahres 1993 und seinem Essay vom März 1994 »Die russische Frage am Ende des 20. Jahrhunderts« geäußert hat, sind auch in diesem Manifest enthalten. Manche finden sich schon in seinen in den USA früher gehaltenen Reden und geben seiner Publizistik ungeachtet der verschiedenen Themen etwas Geschlossenes. Kein zweiter russischer Schriftsteller hat in dieser Vielfalt und in diesem Umfang zu Zeitfragen Stellung genommen, kaum einer eine gleiche Verantwortung für das Schicksal seines Volkes empfunden.

In einigen seiner Bücher, vor allem in seiner dokumentarischen Veranschaulichung des sowjetischen KZ-Lagersystems seit Lenin »Der Archipel GULag«, dem Werk, das seine Heimat und die Welt am meisten erschütterte und 1974 seine gewaltsame Ausweisung auslöste, verbindet er das Publizistische mit Literarischem.

Alexander Issajewitsch Solchenizyn wurde am 11. 12. 1918 in Kislowodsk, also im Süden Rußlands, geboren. Er studierte Mathematik und Physik an der Universität Rostow und parallel im Fernstudium Philologie am Moskauer Institut für Geschichte, Philosophie und Literatur. 1941, bald nach Kriegsbeginn, wurde er Soldat und kämpfte bis 1945 an der Front. Kurz vor Kriegsschluß wurde er als Hauptmann wegen kritischer Äußerungen in einem Brief zu acht Jahren Lagerhaft verurteilt. Dank seiner hervorragenden naturwissenschaftlichen Leistungen verbrachte er einige Zeit in einem Sonderlager, wo er vom Staatssicherheitsdienst mit deutschen zwangsverpflichteten Gelehrten für technische Spezialforschungen eingesetzt wurde. Es entsprach den Gepflogenheiten des sowjetischen Systems, daß er danach »unbegrenzt« verbannt wurde (nach Mittelasien) und auch nach der Rehabilitierung 1956 nur in der russischen Provinz als Lehrer tätig sein konnte. In der Verbannung hatte Solchenizyn angefangen zu schreiben, hielt aber sowohl seinen Roman über das

Speziallager – »Im ersten Kreis« – als auch den über seine Zeit als Verbannter im Krankenhaus – »Die Krebsstation« – versteckt.

Nachdem er gegen Ende des sogenannten »Tauwetters« der Nachstalinzeit mit Hilfe des Chefredakteurs der damals besten sowjetischen Literaturzeitschrift, Alexander Twardowski, und – über diesen – des Partei- und Staatschefs Nikita Chruschtschow persönlich sein drittes Buch, »Ein Tag des Iwan Denissowitsch«, hatte veröffentlichen können, stieg er kometengleich zum Rang eines führenden Sowjetschriftstellers auf. Gleichzeitig nahm aber die Macht der stalinistisch-dogmatischen Kräfte in der UdSSR wieder zu, so daß er – weltberühmt – 1964 zwar für den höchsten literarischen Preis der UdSSR, den Leninpreis, ausgewählt wurde, die Verleihung aber von den stalinistischen Funktionären verhindert wurde und er außer einigen Erzählungen nichts mehr veröffentlichen konnte. Infolgedessen kamen seine beiden Romane nur im Westen heraus. Sie wurden rasch in viele Sprachen übersetzt und führten zur Verleihung des Nobelpreises am 8.10.1970 an den inzwischen in seiner Heimat Geächteten. Dort hatte er 1967 in einem aufregenden Brief an die Delegierten des 4. Schriftstellerkongresses auf die schädlichen Folgen der Zensur für die russische Literatur hingewiesen, war aus dem Schriftstellerverband ausgestoßen und weiter an einem Leben in Moskau gehindert worden. Auf Beschluß der Partei- und Staatsführung wurde Solschenizyn am 12. Februar 1974 die sowjetische Staatsangehörigkeit aberkannt und er am nächsten Tag zwangsweise nach Deutschland verbracht. Zwei Jahre lebte er in der Schweiz und kämpfte weiter gegen das kommunistische Regime mit dem literarischen und publizistischen, allein der Bloßlegung der Wahrheit verpflichteten Wort. Dann zog er sich mit seiner Familie nach den USA – Cavendish, Vermont – zurück und konzentrierte sein Schaffen auf den vielbändigen Zyklus »Das Rote Rad«, die Vorgeschichte der bolschewistischen Machtergreifung vom Oktober 1917, eine detaillierte historische Analyse und literarisch-künstlerische Gestaltung aus wechselnder Sicht aller beteiligten Personengruppen, ein mächtiges Gegengewicht gegen die siebzig Jahre während Geschichtsverfälschung und Lüge, der sein Volk ausgesetzt war. Der Abschluß dieses epischen Werks, das Literarisches, Historisches und Dokumentarische verbindet, fiel mit dem Zusammenbruch des Sowjetimperiums zusammen.

Während anderen Schriftstellern der »dritten Emigrationswelle«, also jenen, die man in der Breschnewzeit ins Ausland abgedrängt hatte, ab Ende 1987, im zweiten Jahr der »Perestroika«, allmählich das Publizieren in der damals noch bestehenden Sowjetunion wieder gestattet wurde, verhinderte das Zentralkomitee der KPdSU bei Solschenizyn diese Freigabe. Zu groß war offenbar die Angst vor dem erfolgreichsten literarischen Gegner und seinen Texten. Erst im Juli 1989 wurde sein Ausschluß aus dem Schriftstellerverband aufgehoben und im September 1991 von der Staatsanwaltschaft die Unrechtmäßigkeit der seinerzeitigen Verurteilung eingestanden. Ende 1989 setzte der Nachdruck der Werke Solschenizyns, die im Westen veröffentlich worden waren, ein. Bezeichnenderweise begann dieser mit seinem Aufruf von 1974 »Lebt nicht mit der Lüge«, der nun in dem Sinne zur Richtschnur wurde, daß die Zensur abgeschafft und die Wahrheiten, um die Solschenizyn in seinen Werken gerungen hatte, Allgemeingut wurden. Das Jahr 1991 wurde in Rußland zum »Jahr Solschenizyns«, wobei er selbst sich bemühte, zwischen den sich zunehmend stärker befehdenden Lagern in der zusammenbrechenden Sowjetunion eine zwar betont russophile, aber unabhängige Stellung zu bewahren.

Das Jahr 1993 ist im Leben Solschenizyns dadurch gekennzeichnet, daß er seinen Entschluß, nach Rußland zurückzukehren, bekräftigte und terminierte. Am 27. Mai 1994 ist er dann auch tatsächlich zurückgekehrt. Im Herbst 1993 hat er im Hinblick auf die festgelegte Rückkehr auch das einzige Mal in den zwanzig Jahren seines Exils von den USA aus Europa besucht. Die beiden Reden, die er in Europa hielt, stehen in engem Zusammenhang mit einer Rede vom Januar 1993, die er in New York, als Dank für eine hohe literarische Auszeichnung, der Lage der modernen Literatur und der aktuellen Krise der Kultur widmete. Die Höhepunkte der vierwöchigen Europareise bildeten die beiden hier aufgenommenen Reden und einige Interviews, nicht die Besuche bei höchsten Würdenträgern wie Bundespräsident Richard von Weizsäcker oder bei Papst Johannes Paul II., die eher einen persönlichen Charakter trugen. Solschenizyns publizistische Äußerungen fielen in eine Zeit des Chaos in Rußland. Dessen Weg in eine angestrebte Demokratie ist mit einem katastrophalen wirtschaftlichen Niedergang, der Folge von siebzig Jahren kommunistischer Ausbeutungswirtschaft, verbunden. Nach dem Zusammenbruch der Kommunistischen Partei gelang es vielen ihrer Funktionäre, an anderer Stelle weiter an der Macht zu bleiben. Die vom totalitären System herrührende Diskussionsunfähigkeit führte zu wechselseitigen Beschimpfungen, ja zum Versuch des gewaltsamen Regierungssturzes am 3.–4. Oktober 1993. Als Abschluß seiner Emigration nach den USA schrieb Solschenizyn einen Essay, der eine Analyse der aktuellen Problematik in Rußland mit einer ausführlichen historischen Einordnung und konkreten Vorschlägen zum weiteren politischen Vorgehen verbindet. Er erschien in Rußland im Juli 1994, als Solschenizyn nach einer mehrwöchigen Reise in Moskau eintraf, und zwar in der Zeitschrift »Nowy mir«, die ihm 1962 mit »Ein Tag des Iwan Denissowitsch« und 1989 mit Kapiteln aus »Der Archipel GULag« den Weg zum russischen Leser geöffnet hatte.

Solschenizyn ist in seinen Reden nicht nur von Sorge um sein russisches Volk und die Weiterentwicklung des russischen Staates getragen, sondern er empfindet auch eine Mitverantwortung für das Weltgeschehen. Einerseits stellt er die dortigen Ereignisse in einen übergreifenden historischen Zusammenhang, andererseits sieht er sie von einer grundsätzlichen ethischen und religiösen Warte aus. Der atheistisch Erzogene erkannte im Lager die Wahrheit der göttlichen Schöpfung der Welt und der geistigen Grundlagen allen irdischen Handelns. Ob er nun über Literatur und Kunst, Technik, Wirtschaft, Geschichte oder Politik spricht, sein Maßstab steht fest: Ohne eine Gründung in den ethischen Gesetzen unseres Daseins ist eine positive Entwicklung – ein Fortschritt – in keinem Bereich möglich. Dementsprechend legt er die Mängel der Gegenwart, wie er sie sieht, bloß und weist einen Weg heraus. Er steht mit diesem Denken auch unter den Russen nicht allein, aber er nutzt seinen als Dichter erworbenen Namen im Dienste seiner russischen Mitmenschen und der Menschheit insgesamt.

Solschenizyns Rede in den USA geht darauf zurück, daß ihm am 19. 1. 1993 die hohe Ehre zuteil wurde, vom National Arts Club in New York die Ehrenmedaille für Literatur zu erhalten. Der Rahmen legte dem Nobelpreisträger für Literatur das Thema nahe: die Literatur seines Landes in der unmittelbaren Gegenwart. Nun ist in Rußland mit dem Staat nicht nur der Literaturbetrieb, der in Händen kommunistischer Funktionäre lag, zusammengebrochen, sondern es hat auch die Literatur, die dem System nicht dienen wollte, ihre Existenzberechtigung verloren. Sie war es, die mehr Wahrheit bieten konnte als die Presse, sie war es, die in äsopischer oder pseudohistorischer Weise versuchte, dem Leser ein Bild der Zeit zu vermitteln. Es war zwar nie die ganze Wahrheit, aber doch eine Teilwahrheit, die den Blick der Menschen in der Sowjetunion auf das Ganze lenkte. Auch Solschenizyn hatte in »Ein Tag des Iwan Denissowitsch« nicht umfassend das Arbeitslager mit seinem allgegenwärtigen Tod und Schrecken schildern können, sondern mit dem Blick auf den Zensor einen recht günstigen einzelnen Tag und nicht die Jahre des Leids gewählt, aber er hatte mit diesem Buch die Tür zur Wahrheit geöffnet. Ab 1987/88, nachdem u. a. die Schrecken der Lager in vollem Umfang publizierbar waren, hatte die russische Literatur diese Funktion des Enthüllens, ihre wesentliche Funktion über Jahrzehnte, verloren. Hier gab es keinen Ersatz. Über diesen Bereich spricht Solschenizyn nicht.

Da der Kommunismus auch das künstlerische Experiment und die Einbeziehung der Sexualität in die Literatur unterdrückt hatte, drängten sich diese Bereiche nach seinem Zusammenbruch in den Vordergrund. »Postmoderne« wurde zum lauttönenden, schwammigen Schlagwort für das Neue der Literaturproduktion, das aber weitgehend schon lange im Untergrund existiert hatte. Dieser Entwicklung gilt Solschenizyns Augenmerk in seiner Dankesrede, und er mißt die Leistungen dieser »Avantgarde« am geistigen, dem eigentlichen Auftrag der Kunst. Er vergleicht die »Postmoderne« mit dem »Futurismus« aus der Zeit vor und nach dem bolschewistischen Umschwung und stellt sie in den großen Kontext der vom zunehmend materiellen Denken bestimmten Entgeistigung der Welt. Er veranschaulicht das Zerstörerische dieses Pseudofortschritts, der erneut glaubt, ohne einen Halt in der nationalen Tradition auskommen zu können.

Während Solschenizyn mit seiner Verurteilung der »Postmoderne« wohl nur bei dessen nicht zahlreichen Anhängern auf Protest stoßen wird und sein Irrtum, den »Konzeptualismus« der sechziger Jahre als etwas Neues der neunziger anzusehen, das Grundsätzliche seiner Haltung nicht berührt, dürfte der Widerspruch gegen seine Behauptung, daß in der UdSSR während der »siebzigjährigen Eiszeit, unter deren Deckschicht nur insgeheim einige große Dichter und Schriftsteller ihr wahres Leben lebten, von denen man bis vor kurzem fast nichts im eigenen Lande, geschweige denn in der Welt wußte«, breiter sein. Gerade von den Großen, den Unterdrückten oder Ermordeten wie Anna Achmatowa, Nikolai Gumiljow, Ossip Mandelstam, Boris Pasternak, Andrej Platonow oder der Gruppe der Oberiuten wurden im Westen wissenschaftliche Ausgaben in russischer Sprache besorgt, um ihr Werk trotz der »Eiszeit« am Leben zu erhalten. Immer war die russische Literatur in dieser Periode in den Editionen, Literaturgeschichten und Übersetzungen des Westens ganz erheblich breiter, vollständiger und damit richtiger vertreten als im Machtbereich des Sowjetimperiums.

Nach Frankreich hatte man Solschenizyn zur Teilnahme an der Enthüllung eines ungewöhnlichen Denkmals am 25. 9. 1993 eingeladen. Es gilt den Opfern der Französischen Revolution in der Vendée, war für viele Franzosen ein Angriff gegen die verherrlichte Geschichte mit dem »schamhaft verschwiegenen« blutig unterdrückten Aufstand in diesem königstreuen Gebiet. Solschenizyn ist zu diesem Anlaß gern nach Frankreich gefahren, allzu sehr drängten sich ihm die Parallelen zu den Opfern der

»Großen Oktoberrevolution« auf, wie die sowjetische Propaganda Lenins Staatsstreich der Bolschewiken jahrzehntelang nannte. Er hegte ohnehin den Wunsch, daß einmal in Rußland keine Leninstatuen mehr stehen werden, sondern Denkmäler für jene, die sich gegen die »Revolution« erhoben hatten. Auch dieses Ereignis stellt er in größere Zusammenhänge – den der Unmöglichkeit, einen sozialen Fortschritt mit den Gewaltakten einer Revolution zu erreichen, und in den des Zweifels am Sinn der Losung der Französischen Revolution »Freiheit, Gleichheit, Brüderlichkeit«.

Die dritte Rede – die zweite in der Vendée ist eigentlich eher eine kurze Ansprache – hielt Solschenizyn im Fürstentum Liechtenstein, wo ihm in Schaan am 14. September 1993 von der Internationalen Akademie für Philosophie die Würde des Ehrendoktors verliehen wurde. Es ist der grundsätzlichste Text, der in dieser Ausgabe enthalten ist, eine der thematisch umfassendsten nicht-literarischen Ausführungen des Autors.

Die Liechtensteiner Rede gipfelt in der Frage »Wofür leben wir«. Für sich selbst hat Solschenizyn diese Frage im Laufe seines Lebens – durch sein literarisches und publizistisches Werk – beantwortet, auch dadurch, daß er nicht freiwillig aus der UdSSR emigrierte, aber als einziger bekannter Emigrant der dritten Welle freiwillig zurückkehrte: für die eigene geistig-ethische Weiterentwicklung und den Dienst am Nächsten, insbesondere am eigenen – für ihn an seinem russischen – Volk. Im Text der Rede hat er in dieser abstrahierenden Weise über sich selbst natürlich nicht gesprochen, aber sein Lebenslauf und sein Handeln lassen darauf schließen, sind Beweis.

Der Akademie-Rede gibt David Remnick in seinem großen Essay zum Abschluß der Jahre Solschenizyns in den USA, den er nach einem Besuch in Vermont im Januar 1994 schrieb, eine gleich große Bedeutung wie der Harvard-Rede (The New Yorker 14.2.1994). Inhaltlich finden sich einige Parallelen in den anderen hier aufgenommenen Texten durch die Analyse des »Fortschritts«, mit dem ja auch das Töten in den Revolutionen begründet wird. Solschenizyn setzt den materiellen, technischen und zivilisatorischen Fortschritt als etwas Zweifelhaftes in Kontrast zu dem Geistigen, Ethischen, Religiösen als dem allein Gültigen.

Zunächst stellt er die Frage nach »Politik und Ethik«, eine Frage, die für einen Russen im 20. Jahrhundert sicher durch das verbrecherische, allen moralischen Normen widersprechende Handeln eines Lenin, Stalin oder Breschnew und ihres mächtigen, Gewalt als selbstverständlich einsetzenden Machtapparats ausgelöst ist. Aber Solschenizyn bindet seine Gedanken nicht an kommunistische Funktionäre. Er weiß um die mangelnde Ethik der Politik auch im Westen und in der ganzen Welt. »Es geht um ein uns alle gemeinsam betreffendes Unglück zu Ende des zweiten Jahrtausends des Christentums.« Er überträgt seine Gedanken auch auf das Handeln des einzelnen, gleichsam auf dessen geschäftliche oder allgemein berufliche Politik, und warnt davor, juristische Maßstäbe mit ethischen, also die von Menschen in Gesetze gebundenen Verhaltensnormen, mit der letztlich gültigen, der religiösen, gottgegebenen Ethik zu verwechseln. Im gleichen Sinne führen seine Gedanken über falschen und richtigen Fortschritt zu einem Erschrecken vor der »heutigen geistigen Hilflosigkeit und intellektuellen Verwirrung«, dem Verlust der »Harmonie zwischen unserer geistigen und physischen Natur«, der »Klarheit zwischen Gut und Böse«. Diese Verluste, die eine bedrohliche Massenerscheinung sind, gilt es zu überwinden, dazu will Solschenizyn durch sein Werk beitragen. Organisch fügt er an dieser Stelle eine Bemerkung über das in unserem Jahrhundert weitgehend verlorene natürliche Verhältnis zum Tod hinzu. Sein Roman »Krebsstation«, der das Leben mit dem Wissen um die tödliche Krankheit veranschaulicht und das Leugnen des Todes anprangert, verdankt seine literarische Kraft der Lebenserfahrung Solschenizyns. Er hatte Krebs. Man sagte ihm Mitte der fünfziger Jahre eine sehr kurze Lebenserwartung voraus, doch er wurde gesund. Dieser Mann mit seinem unbeugsam starken Willen wollte weiterleben, und zwar nicht für sich. Er hatte als Offizier an der Front und als Häftling im Lager ständig den Tod vor Augen gehabt, hatte Sterben und Tod als zum irdischen Dasein dazugehörig durchlebt. Daß ihm das Weiterleben geschenkt oder auferlegt worden war, konnte er – inzwischen zum Wissen um »die unveränderliche Höchste Kraft über uns« (so in der Rede) gekommen – nur als Auftrag empfinden.

Solschenizyn bezieht auch die aktuelle politische Situation der Welt in diese Rede mit ein, die Lage »nach dem kalten Krieg«, die Ablösung der »kurzen Monate freudiger Erleichterung« oder der »Tränen über den Untergang der irdischen Utopie vom sozialistischen Paradies auf Erden« durch nüchternes Erkennen der Folgen von siebzig Jahren kommunistischer Bewußtseinsveränderung und wirtschaftlicher Ausplünderung des eigenen Machtbereichs. Hier finden sich einige Parallelen zu seinen Antworten auf Fragen der Journalisten vieler Länder. Die Wochenzeitung »Die Zeit« bezog bei ihrem etwas gekürzten Vorabdruck die diesen Abschnitt abschließende Frage in den Titel mit ein: »Wohin geht die Fahrt?«

Für manchen Leser der Rede enthält der nächste Abschnitt über die Weltsituation an der Grenze zum 21. Jahrhundert etwas Vertrautes. Dort lenkt Solschenizyn die Gedanken vom Blick auf Waffen, Gewalt und Kriege auf die wachsenden Umweltschäden und die Bevölkerungsexplosion, auf zunehmenden Wassermangel und nicht nur politisch bedingte Flüchtlingsströme. Sein großer Blick auf unsere heutige Welt wäre unvollständig ohne diesen Passus, auch wenn er im Grunde nichts Neues enthält. Das Entsetzliche ist die unglaubliche Hilflosigkeit der Politiker angesichts all dieser Mißstände und Nöte, die unleugbar auf ein Ende unseres Planeten durch Schuld des Menschen hindeuten.

Solschenizyn spricht die Politiker der Welt ebenso an wie jeden einzelnen Menschen. Er fordert als wesentlichen Schritt zur Gesundung des einzelnen wie der kleinen und großen sozialen Gemeinschaften etwas Grundsätzliches: »Selbstbeschränkung«. Es ist schlimm und spricht für die Richtigkeit der ganzen Rede, daß Journalisten, die darüber berichteten, hier nicht vorbehaltlos zustimmen konnten. Doch Solschenizyn weiß darum, wie schwer es für die zivilisatorisch verwöhnten Menschen und die umsatzorientierte Wirtschaft ist, sich freiwillig irgendwelche Beschränkungen aufzuerlegen. Immerhin gibt es in Deutschland einen Preis für Wirtschaftsethik – solches Denken könnte Solschenizyn und seinen Lesern ein klein wenig Mut machen.

Solschenizyn schließt seine Texte positiv. So auch diesen. Er bekennt sich zur »Demut vor IHM«, vor Gott, und zu der Hoffnung, daß die leidvollen Erfahrungen nicht sinnlos waren, daß die dadurch errungene Standfestigkeit dazu verhilft, die von ihm angestrebten Ziele zu erreichen. Sehr autobiographisch ist dieser Schluß. Solschenizyns leidvolle Erfahrungen haben seine Standfestigkeit wahrlich gehärtet, und er hat mit dieser Standfestigkeit und seinen aus seiner unnachgiebigen Haltung heraus geschriebenen Werken nicht unwesentlich zum Sturz des Kommunismus, also zum Ende des kalten Krieges beigetragen.

Während seines Europaaufenthalts gab Solschenizyn nach vorherigem Plan einige ausgewählte Interviews. Für die Einbeziehung in dieses Buch hat er selbst das letzte vorgeschlagen. Er gab es dem Russischen Fernsehen (Ostankino) unmittelbar vor seiner Rückreise nach Amerika am 21. 10. 1993. Es ist rein politischer Natur, wobei sich natürlich einige Fragen inhaltlich wiederholen, die ihm vorher westliche Journalisten gestellt hatten. Wie hier so galt auch sonst eine der ersten Fragen seiner Beurteilung des damals aktuellen politischen Vorfalls, der in der Zeit seiner Europareise geschehen war, des Putschversuchs gegen Boris Jelzin vom 3.–4. Oktober 1993. Auch dieses Ereignis sieht Solschenizyn in größerem Zusammenhang, unabhängig von der Tagespolitik. Viel wichtiger war ihm eine Stellungnahme zu den Dingen, die langfristig die Entwicklung Rußlands beeinflussen, nämlich die Wahlen zur Duma, die Gestaltung der neuen Verfassung und die noch gültigen, von Lenin falsch angelegten pseudoethnischen Gebietsbegrenzungen, die nicht nur damals dem Wesen einer Föderation widersprachen, sondern nun auf Dauer erhebliche Spannungsherde geschaffen haben. Zwei seiner wesentlichen Forderungen wurden kurz danach erfüllt. Die Duma wurde nicht, wie geplant, für fünf, sondern für zwei Jahre gewählt, und die autonomen Republiken bekamen in der Verfassung keine Vorrechte vor den russischen Bezirken. Solschenizyns Antworten zeigen ethnischen Gerechtigkeitssinn, verbunden mit einer Liebe zu seiner russischen Kultur, keinen übertriebenen Nationalismus.

In seinem Interview mit Stephan Sattler vom »Focus« wurde ihm eine Frage, die ein Russe so nicht stellen würde, vorgelegt, die aber den Westen bewegt: »Wie bewerten Sie das Erstarken des Nationalismus und Chauvinismus in Rußland?« Er antwortete: »Es besteht im Westen die falsche Vorstellung, der russische Chauvinismus sei stark. Richtig ist: Beim Zusammenbruch der Sowjetunion ist der Chauvinismus in verschiedenen Republiken sehr stark aufgeflammt: So in der Ukraine, Kasachstan, Aserbaidschan, Usbekistan, Moldawien. (...) Rußland hingegen droht zur Zeit der vollständige Verlust des nationalen Selbstwertgefühls. Die Russen bewegen sich darauf zu, ein gesichtsloses ethnisches Material zu werden.« Im Fernsehinterview stellte er seine Überlegungen in einen weiteren Zusammenhang: Das Verwischen nationaler Besonderheiten bedeute den Tod. Jede, auch die kleinste Ethnie solle in ihrer kulturellen Eigenheit bewahrt und gefördert werden, was aber weder staatliche Selbständigkeit noch etwa politische Macht über andere, zahlenmäßig stärker vertretene Völker bedeuten dürfe.

So wie er im Gespräch mit dem »Focus« die Bedeutung, die der Westen dem Putsch vom 3.–4. Oktober beimaß, für übertrieben hielt, so stellte er auch dem russischen Fernseh-Journalisten Kondratjew gegenüber fest, daß er nicht mit der Gefahr eines Bürgerkrieges in Rußland rechne. Für Solschenizyn stehen Rußland lange Jahre voller Schwierigkeiten bevor, da die Wunden, die der Kommunismus riß, zu tiefe Veränderungen verursacht hätten, aber er hält – eine einigermaßen vernünftige Politik der Regierung vorausgesetzt – eine bewaffnete Auseinandersetzung im Lande für unwahrscheinlich.

Gelegentlich, so wie im Fernsehinterview, wurde Solschenizyn auch nach wirtschaftlichen Perspektiven befragt. Hier verweist er gern darauf, daß Rußland ein halbes Jahrhundert lang vor Lenins Machtergreifung internationale Wirtschaftsbeziehungen gehabt habe, und glaubt, daß man an diese jetzt anknüpfen könne. Seine Feststellung »Wir brauchen keine Hilfe vom Westen« ist sicher zu pauschal, aber sie appelliert an die notwendige Eigeninitiative der Russen. Gerade in der russischen Provinz sind inzwischen viele kleine, erfolgversprechende Unternehmen entstanden, die mit dem Ausland kooperieren, wobei sich in der Zusammenarbeit mit Deutschland die Beteiligung von Menschen aus Ost und West wegen der unterschiedlichen Erfahrung besonders bewährt hat. Auch gibt es sinnvolle internationale Programme zur Ausbildung und Beratung für russische Ökonomen, die aktiv am wirtschaftlichen Aufbau in Kooperation mit dem Westen interessiert sind. In einem Punkte sind sich führende westliche Fachleute mit Solschenizyn einig: Weder eines der politischen Systeme noch eine der konkreten marktwirtschaftlichen Strukturen sollte das neue Rußland direkt aus dem Westen kopieren. Doch ohne staatliche Bürgschaften, also Hilfe des Westens, ist der Handel mit Rußland und damit die dortige Wirtschaft kaum in Gang zu bringen.

In dem ersten Interview, das Solschenizyn während seiner Europareise gab – ein Gespräch mit Felix E. Müller (»Weltwoche« 16. 9. 1993) – begann er mit einer äußerst knappen Formulierung über die Ausgangslage der gegenwärtigen Weltpolitik: »Der Kommunismus ist zusammengebrochen, weil er der Natur des Menschen widersprach.« Auf die Frage nach Gorbatschow kontrastierte er seine Meinung der Erwartung: »Die Figur von Gorbatschow wird im Westen übermäßig bewertet, sowohl was dessen Persönlichkeit anbetrifft, als auch dessen Rolle bei den jüngsten Ereignissen. Er ist ein schmaler Politiker, allerdings sehr zu Hause in den Korridoren der Macht. Wenn man behauptet, Gorbatschow habe große Verdienste um den Zusammenbruch des Kommunismus, ist das einfach falsch. Wenn schon, dann müßte man Ronald Reagan nennen. Denn als dieser eine neue Spirale des Wettrüstens einleitete, brach die Wirtschaft in der UdSSR, die schon lange ihre Grenzen erreicht hatte, zusammen.« Gesprächsansätze zur Perestroika und den Reformen finden sich in jedem Interview, einmalig aber ist die Frage: »Ist es möglich, in

Rußland gleichzeitig die Disziplin und die Freiheit zu entwikkeln?« Solschenizyn antwortete: »Das ist eine der Kardinalfragen der heutigen Zeit. Es muß möglich sein. Doch läßt sich das nicht nur durch eine öffentlich-soziale Ordnung erreichen. Das muß in den Menschen erzogen werden. Das Rechtsempfinden im Volk zu erziehen, ist ein sehr langwieriger Prozeß.« Auch im »Focus«-Interview hatte Solschenizyn hervorgehoben: »Das Hauptproblem scheint mir zu sein: unser Volk hat kein Rechtsbewußtsein, es weiß nicht, welche Rechte es hat und wie es sie anwenden soll.« Dort hat er einen ebenfalls mehrfach, auch in der Nobelpreisrede von 1974 bei ihm zu findenden Gedanken geäußert: Die Demokratie darf nicht schlagartig erklärt, sondern »der Weg muß schrittweise vollzogen werden, und zwar von unten nach oben«. Im Manifest von 1990 hatte er geschrieben: »Wir müssen unten beginnen, vor Ort. Unter einer starken Zentralgewalt müssen wir geduldig und hartnäckig die regionalen Rechte erweitern.« Dort hatte er auch ein angestrebtes demokratisches Verwaltungssystem, anknüpfend an die Ansätze vor 1917, konkret vorgeschlagen. Jetzt hat er in einem Interview in Frankreich erinnert: »Sogar in den Gefängnissen in den vierziger Jahren war uns klar: Das ganze System muß von unten her geändert werden, kleiner Landbesitz, kleine Reparaturbetriebe und Werkstätten. Dann wird die ganze Bevölkerung in zwei, drei Jahren satt sein und etwas zum Anziehen haben! Dann zur nächsten Stufe übergehen, die mittelgroßen Betriebe in Gang bringen. Und alles unter Kontrolle von oben!« Dasselbe gilt im geistigen Bereich: Die Vorstellung von der Demokratie, zu der das Bewußtsein der Rechte als Bürger ebenso gehört wie das der allgemeinen Menschenrechte, kann in dem vom kommunistischen Klassendenken bestimmten Land nur sehr allmählich entstehen, hat es den Menschen doch die Vorstellung eingeimpft, es gäbe nur eine einzige Wahrheit, die sogar gegen besseres Wissen oktroyiert werden könne, und jeder Andersdenkende sei ein Feind. An dieser Stelle betont Solschenizyn den Aufbau von unten, an anderer die Voraussetzungen durch sinnvolle neue staatliche Strukturen, immer unterstreicht er das Allmähliche und die Notwendigkeit, an alte russische Traditionen anzuschließen.

Der große Essay vom März 1994 »Die Russische Frage am Ende des 20. Jahrhunderts« richtet sich vor allem an seine russischen Landsleute, während er in den im Westen gehaltenen Reden offensichtlich auch das westliche Publikum im Auge gehabt hat. Die ersten vier Fünftel des Textes sind einem historischen Überblick über die gesamte russische Geschichte gewidmet, wobei er vor allem herausstellen will, daß die russischen Zaren sich viel zu sehr um Angelegenheiten in Europa und viel zu wenig um die innere Entwicklung des Reiches, vor allem um das russische Volk gekümmert haben. Er prangert die Balkanpolitik zum Schutze der dortigen orthodoxen Christen ebenso an wie die inkonsequente, den Partner wechselnde Bündnispolitik mit den verschiedenen europäischen Staaten. Er wirft dem Westen vor, sich Rußlands als Bündnispartner für eigene, westeuropäische Interessen bedient, sich dann aber bei Friedensverhandlungen keineswegs dankbar erwiesen zu haben. In ähnlicher Weise verurteilt er die imperiale Politik der russischen Kaiser, soweit sie wie beim Kaukasus, Mittelasien und Polen auf die Einbeziehung nicht ostslawischer Völker gerichtet war, bzw. dort die Russen – wie in Sibirien – nicht die Mehrheit bildeten. Sein Gang durch die Jahrhunderte ist von Mitleid mit dem russischen Volk geprägt, seitdem Peter I. die Bauern massenweise zum Bau von Sankt Petersburg zwangsverpflichtete, seine Nachfolger die russischen Soldaten rücksichtslos in Kriegen opferten und die erst 1861 aufgehobene Leibeigenschaft die Masse des Volkes in einem unwürdigen Zustand hielt. Solschenizyns Text basiert im wesentlichen auf den Arbeiten zur russischen Geschichte von Kljutschewski, Lavisse-Rambaud und S. Solowjow, aus deren Werken er Stellen zitiert, die seine Thesen belegen. Es geht ihm nicht darum, zwischen verschiedenen Meinungen und Fakten abzuwägen, sondern im Blick auf Rußlands Zukunft jene Fehler herauszustellen, die nun vermieden werden sollten. Es ist daher bei diesem historischen Teil, für dessen Verständnis und Beurteilung den deutschen Lesern die Detailkenntnisse fehlen dürften, weniger wichtig, welche Ansichten Solschenizyns man teilt, bezweifelt oder ablehnt, entscheidend ist, wie dieser Schriftsteller Rußlands Verhältnis zu Europa in der Vergangenheit sieht und was für Folgerungen er daraus für die Gegenwart »am Ende des 20. Jahrhunderts« und die Zukunft sieht.

Die gegenwärtige Lage des russischen Volkes beurteilt er außerordentlich negativ. Zunächst einmal prangert er wie in manchem Interview – hier mit scharfer Anklage gegen die russische Regierung – die in der Welt kaum beachtete Situation an, daß 25 Millionen Russen durch die unreflektierte Grenzziehung zwischen den neuen Staaten auf dem Territorium der UdSSR außerhalb Rußlands leben müssen, und gibt dazu weitere Einzelheiten. Dabei geht er vorwiegend auf die Situation in der Ukraine ein, wo »auf jeden Russen zwei ›Nichtrussen‹ kommen, die allerdings die russische Sprache als ihre Muttersprache ansehen«, denn »für 63 % der Bevölkerung ist die eigentliche Sprache das Russische, während die Russen selbst nur 22 % ausmachen«. Während er gegenüber der Ukraine auf eine langfristige positive Lösung des Zusammenlebens hofft, sieht er bei den asiatischen und kaukasischen Staaten einen Ausweg nur in der Übersiedlung der dort lebenden Russen in das heutige Rußland. Schon in seinem großen Essay vom Juli 1990 »Rußlands Weg aus der Krise« hatte er geraten, daß die slawischen Republiken, Rußland, Ukraine und Belorußland (Weißrußland), zusammen mit dem infolge der Verbannungspolitik der Sowjets weitgehend von Slawen bewohnten Kasachstan einen gemeinsamen Staat bilden sollten. Inzwischen sind die vier einstigen Unionsrepubliken selbständige Einzelstaaten geworden, aber Solschenizyn hält es weiter für das beste, wenn mindestens die drei ostslawischen Staaten eine weitgehende wirtschaftliche und politische Union anstreben würden.

Die aus dem 19. Jahrhundert bekannte Spaltung der russischen Intelligenz in »Westler« und »Slawophile« hat gegenwärtig neue Aktualität bekommen. Schon damals war die entsprechende Kategorisierung bei vielen Persönlichkeiten zu schematisch. Das gilt auch heute. Solschenizyn ist bestimmt kein »Westler«. Das wurde dem Westen spätestens bei seiner berühmten Rede in der Harvard University (8.6.1978) bewußt. Aber sein »Slawophilentum« ist auf die Ostslawen beschränkt, den Panslawismus lehnt er schärfstens ab. Eine Gesundung Rußlands ist für ihn nur auf der geistigen Grundlage eines russischen Patriotismus möglich, den er als eine kritische Liebe zu seinem Land versteht. Er definiert in diesem Artikel seine Auffassung von Patriotismus noch einmal und schildert, was er unter dem ursprünglichen, von den Sowjets noch nicht verfälschten Charakter des russischen Menschen versteht. Mindestens dem westlichen Leser dürfte es schwerfallen, an dieses Idealbild eines Russen zu glauben. Nimmt man Solschenizyns Zusammenstellung positiver Charaktereigenschaften aber als anzustrebendes Menschenbild – dann bedarf es auch nicht der Beschränkung auf Rußland. Gültig bleibt in jedem Falle sein eindringlicher Hinweis, daß eine Gesundung Rußlands nach einer Periode, in der man beispielsweise die politische Denunziation der Eltern und damit deren Hinrichtung als positive Tat herausstellte, das ethische Verhalten der Menschen einbeziehen muß.

Zu den in diesem großen Essay ausführlicher als in den Interviews und Reden früherer Zeit ausgeführten Themen gehört auch seine Forderung, die Demokratie von unten aufzubauen, die Abgeordneten nicht nach Parteilisten, sondern als Persönlichkeiten zu wählen, beim Wirtschaftsaufbau eigene Wege zu gehen (auch in diesem Bereich ist er kein »Westler«) und die Hoffnung auf die Provinz zu setzen. Da jeder dieser Punkte mit scharfer Kritik verbunden ist, braucht es uns nicht zu wundern, daß in Rußland die Reaktionen auf seine Reden während der sechswöchigen Reise zu Beginn seiner Rückkehr, in denen er im selben Sinne sprach, gespalten waren. Leider zeigten die kritischen Stellungnahmen oft die aus der sowjetischen Zeit bekannte unerfreuliche Art schärfster Angriffe gegen aus dem Zusammenhang gerissene Einzelpunkte und Unterstellungen, keine Bereitschaft zum Dialog.

Einen sehr anderen Charakter als alle sonstigen Interviews Solschenizyns 1993 hatte das mit Fritz J. Raddatz, abgedruckt in

»Die Zeit«, 29.10.1993. Hier ging es vor allem um Solschenizyn als Schriftsteller, als den Autor des »Roten Rades«, also seines Romanzyklus aus der Endzeit der Herrschaft von Zar Nikolai II. Solschenizyn betonte: »Das historische Material ist vorrangig, darin liegt die Hauptaufgabe des Buches«, und »erfundene, fiktive Personen sind bei mir in den Hintergrund geschoben, schaffen die Atmosphäre des normalen Alltagslebens«. Raddatz legte den Hauptakzent auf das Eigene, das ein Schriftsteller in die Darstellung historischer Ereignisse einbringt. Solschenizyn bestätigte: »Man kann über mein Gefühl streiten, aber es ist in mein historisches Erzählen eingeflossen«, und »Ich halte es für ausgeschlossen, daß ein Schriftsteller schreibt und seine eigenen ethischen Vorstellungen dabei außer acht läßt«. Seine Verallgemeinerung gilt genauso für seine publizistischen Texte, wie die hier abgedruckten: »Ein Schriftsteller ist eine Einheit seiner Überzeugungen und seiner künstlerischen Fähigkeiten. Die kann man nicht trennen. Ein Schriftsteller handelt elementar. Er geht nicht von einem Wissen aus, er kenne die Wahrheit und schreibe sie in der einzig richtigen Weise nieder.« In diesem Interview machte er auch deutlich, daß er sich nicht als Politiker fühlt, und das gilt nicht nur für die belletristischen Texte, sondern genauso für die publizistischen: »Ich lehne es ab, die Überzeugung eines Künstlers der Überzeugung eines Politikers gleichzusetzen. Politiker kennzeichnet immer Einsträngigkeit, während Künstler immer umfassend denken, umfassende Vorstellungen haben. Man darf sie nicht mit der gleichen Elle messen.«

Raddatz hat das Gespräch auch auf die Frage gelenkt, ob Solschenizyn glaube, daß er durch sein literarisches Werk den Menschen »beeinflussen, verbessern« könne. Solschenizyn lehnt die Beschränkung auf sein eigenes Schaffen ab: »Ich glaube, daß man mit Literatur und auch mit anderen Formen der Kunst auf den Menschen Einfluß nehmen kann. In jedem Menschen kämpfen Gut und Böse. Alle Literatur, nicht nur meine, hat, wenn sie nicht auf ein geringes Niveau absinkt, selbstverständlich die Möglichkeit, Einfluß zu üben (...) Von seiner Natur her ist der Mensch zum Guten wie zum Bösen geneigt. Der Künstler steht lediglich vor der Frage, ob er versuchen will, auch darauf Einfluß zu nehmen, das heißt, diese Linie zwischen Gut und Böse im Menschen zu bewegen, oder will er es nicht. Leider hat die Literatur des 20. Jahrhunderts in großem Umfang die zweite Haltung: Es lohne sich nicht, den Versuch zu unternehmen, es sei nicht ihre Sache.« Solschenizyn erinnerte an seine New Yorker Rede, rekapitulierte die dortige Tendenz: »Jede Entwicklung ist das Suchen nach der richtigen Balance zwischen dem Bewahren des Überkommenen und dem Schaffen von etwas Neuem« und formulierte sein negatives Urteil über die Moderne neu: »Es gibt ein geradezu wollüstiges Streben danach, das Erhabene und das Niedere zu mischen, und eine Furcht, einfach und aufrichtig zu sein; statt dessen herrscht das Bestreben, aus sich etwas zu machen, was es bisher noch nicht gegeben hat.«

Solschenizyns Rückkehr ist ein Dienst am russischen Volk, um das, was er in den Beiträgen, die in dieser Ausgabe vereint sind, fordert, persönlich zu leisten und um zu einem allmählichen Wandel durch Reden und Gespräche beizutragen. Wenn er sich keiner Partei und keiner Gruppierung anschließen und keine Funktionen übernehmen will, setzt er die Linie fort, mit der er 1962 begann: Auch gegen den Kommunismus war er ein Einzelkämpfer. So wird er auch jetzt seinen Weg allein gehen, unbeirrbar überzeugt von der Richtigkeit seiner ethischen und politischen Vorstellungen. Seinen Lebensstil aber will er gegenüber dem in den USA erheblich ändern. Dort lebte er zurückgezogen, arbeitete von früh bis spät an seinem Romanzyklus »Das Rote Rad«, mied Journalisten und Gäste so sehr wie möglich, unternahm in den zwei Jahrzehnten keine einzige Reise, um Amerika und seine Menschen kennenzulernen. Nun soll in Rußland eine unabhängige Arbeit in der Öffentlichkeit und für die Öffentlichkeit sein Leben bestimmen. Daneben will er kleinere Dinge als Schriftsteller schreiben. Das »Focus«-Gespräch beendete er mit den Worten: »Der ganze Sinn meiner Rückkehr besteht darin, mit allen mir möglichen Mitteln meinen Landsleuten in Rußland eine Hilfe zu sein.«

In sämtlichen erwähnten Texten verbindet Solschenizyn den

Blick auf einen einmaligen, konkreten Vorgang – im Literarischen sind es meist wenige Tage – mit der Einordnung in einen großen Zusammenhang. Das kann die russische Geschichte oder die Entwicklung der Sowjetunion sein, die Haltung des Menschen zu lebensbedrohender Krankheit und Tod oder auch die Existenz eines »Gerechten« im Sinne des Neuen Testaments »in jedem Land, jeder Stadt, jedem Dorf«, wie er eine seiner schönsten Erzählungen, »Matrjonas Hof«, schließt. Seine Publizistik von 1993/1994 stellt die aktuellen Ereignisse vor allem in den Zusammenhang der russischen Geschichte, sieht auch die Lösungen aus der Katastrophe zunächst in diesem und dann im Weltzusammenhang. Letztlich erstrebt Solschenizyn eine Einordnung in die gottgegebene oder gottgewollte Bestimmung des Menschen auf Erden. Dieses grundsätzliche Anliegen ist es, das seinen Ausführungen über Zustimmung und Ablehnung im Einzelfall hinweg bleibende Gültigkeit verleiht.

August 1994

Quellen

Rede an der Internationalen Akademie für Philosophie im Fürstentum Liechtenstein 21.10.1993 (Reč' v Meždunarodnoj Akademii filosofii), in: Russkaja mysl', Paris, 23./29.9.1993, S. 16–17

Dass. redaktionell etwas gekürzt, unter dem Titel »Wofür leben wir? Wohin geht die Fahrt?« In: Die Zeit, 17.9.1993, S. 65f.

Dass. unter dem Titel »Politik und Moral am Ende des 20. Jahrhunderts«. [Russisch-englisch-deutsche Ausgabe mit der Laudatio des Akademiepräsidenten Josef Seifert]. Heidelberg: C. Winter 1994, 71 S. (Reihe Akademie-Reden)

Ansprache anläßlich der Enthüllung des Denkmals für die Opfer des Aufstands in der Vendée am 25. September 1994 (Slovo pri otkrytii pamjatnika Vandejskomu vosstaniju. Vandeja, 25.9.1993). In: Russkaja mysl', Paris, 30.9.1993

Dankesrede anläßlich der Verleihung der Literatur-Ehrenmedaille durch den National Arts Club in New York am 19. Januar 1993 (Otvetnoe slovo na prisuždenie literaturnoj nagrady Amerikanskogo nacional'nogo kluba iskusstv. Nju-Jork, 19.1.1993). In: Novyj mir, 1993, 4, S. 3–6

Rußland am Vorabend der Wahlen 1993 (Aleksandr Solženicyn o Rossii nakanune vyborov). Interview mit dem Bonner Korrespondenten der Fernsehgesellschaft »Ostankino« Wladimir Kondratjew vom 21.10.1993, in: Russkaja mysl', Paris, 28.10./3.11.1993, S. 1, 3

Die russische Frage am Ende des 20. Jahrhunderts (»Russkij vopros« k koncu XX veka«). In: Novyj mir 1994, 7, S. 136–176

Im Nachwort erwähnte Interviews des Jahres 1993

Warum ich nach Rußland zurückkehre. Exklusiv-Interview (von Felix A. Müller) mit Alexander Solschenizyn. In: Weltwoche, 16. 9. 1993, S. 1, 13, 15

A. Solženicyn, Ja ne sobirajus' nikogo vozglavljat', ja ne sobirajus' igrat'nikakoj političeskoj roli (Antworten auf ein Interview in Frankreich). In: Izvestija, 21. 9. 1993

Revoljucii ne vyprjamljajut chod istorii, a tol'ko delajut ego uchabistym (Antworten aus einem Interview für das französische Fernsehen). In: Literaturnaja gazeta, 22. 9. 1993, S. 1, 3

Das russische Volk steht am Abgrund. Alexander Solschenizyn, aus der UdSSR ausgewiesener Nobelpreisträger, im Gespräch mit Focus über die Lage in Rußland (mit Stephan Sattler, Rainer Schmitz. Dolmetscher Wolfgang Kasack). In: Focus 1993, 42, S. 107–110

Fritz Raddatz: Kein Bankett bei Jelzin. Ein »Zeit«-Gespräch mit Alexander Solschenizyn. Dolmetscher Wolfgang Kasack. In: Die Zeit, 29. 10. 1993

Ausgewählte Werke Solschenizyns in deutscher Sprache

Krebsstation. 2 Bände. Deutsch von Christiane Auras, Agathe Jais und Ingrid Tinzmann. Neuwied: Luchterhand 1968–1969. 409, 327 S.

Von der Verantwortung des Schriftstellers. 2 Bände. Hrsg. und deutsch von Felix Ph. Ingold. Zürich: Arche 1969–1970. 47, 60 S.

Im Interesse der Sache. Erzählungen. Deutsch von Mary von Holbeck, Iris Labas, Elisa Marin, Christoph Meng und Ingrid Tinzmann. Neuwied: Luchterhand 1970. 451 S. [Enthält sämtliche Erzählungen und den Roman »Ein Tag des Iwan Denissowitsch.]

Offener Brief an die sowjetische Führung (September 1973).

Lebt nicht mit der Lüge (Februar 1974). Deutsch von Wolfgang Kasack. Darmstadt/Neuwied: Luchterhand 1974. 64 S.

Der Archipel GULAG, 3 Bände. Deutsch von Anna Peturning (= Elisabeth Markstein und Ernst Walter). Bern: Scherz 1974–1976. 579, 631, 549 S.

Die Eiche und das Kalb. Deutsch von Swetlana Geier und Wolfgang Kasack (Anhang). Darmstadt/Neuwied: Luchterhand 1975. 711 S.

Drei Reden an die Amerikaner. Deutsch von Michael Morosow. Darmstadt/Neuwied: Luchterhand 1975. 72 S.

Im ersten Kreis. Deutsch von Swetlana Geier. Frankfurt a. M.: S. Fischer 1982. 797 S.

Das Rote Rad. Eine Erzählung in bestimmten Zeitausschnitten. Erster Knoten. August Vierzehn. Deutsch von Swetlana Geier. München: Piper 1983. 1049 S. Zweiter Knoten: November Sechzehn. Deutsch von Heddy Pross-Weerth. München: Piper 1983. 1199 S. Dritter Knoten: März Siebzehn. 2 Teile. Deutsch von Heddy Pross-Weerth. München: Piper 1983. 747, 888 S.

Das Rote Rad. Texte, Interviews, Reden. Hrsg. Heddy Pross-Weerth. München: Piper 1986. 106 S.

Rußlands Weg aus der Krise. Ein Manifest. Deutsch von Heddy Pross-Weerth. München: Piper 1990. 71 S.

Ausgewählte Literatur über Solschenizyn

Der Fall Solschenizyn. Briefe, Dokumente, Protokolle. Hrsg. Bernd Nielsen-Stokkeby. Frankfurt a. M.: Fischer Taschenbuch 1970. 171 S.

Georg Lukács: Solschenizyn. Neuwied: Luchterhand 1970, 84 S.

Über Solschenizyn. Aufsätze, Berichte, Materialien. Hrsg. Elisabeth Markstein und Felix Ph. Ingold. Darmstadt: Luchterhand 1973. 360 S.

Schores Medwedjew: Zehn Jahre im Leben des Alexander Solschenizyn. Eine politische Biographie. Deutsch von Wolfgang Kasack. Darmstadt: Luchterhand 1974. 214 S.

Solschenizyn. Eine Bildbiographie. Hrsg. Katja Behrens. Darmstadt: Luchterhand 1974. 95 S.

Alexander Solschenizyn in Selbstzeugnissen und Bilddokumenten. Hrsg. Reinhold Neumann-Hoditz. Reinbek: Rowohlt 1974. 156 S.

Werner Martin: Alexander Solschenizyn. Eine Bibliographie seiner Werke. Hildesheim: Olms 1977. 184 S.

Wolfgang Kasack: Der erste Kreis der Hölle. In: Der russische Roman. Hrsg. B. Zelinsky. Düsseldorf: Bagel 1979, S. 381–399, 436–438.

George Nivat: Soljénitsyne. Paris: Ed. du Seuil 1980. 192 S.

Michael Scammel: Solshenitsyn. A Biography. New York: Norton 1984. 1054 S.

Solzhenizyn in Exile. Critical Essays and Documentary Materials. Hrsg. John B. Dunlop, Richard S. Haugh, Michael Nicholson. Stanford: Hoover 1985. 414 S.

Akte Solschenizyn 1965–1977. Geheime Dokumente des Politbüros der KPdSU und des KGB. Hrsg. A. Korotkow u. a. Deutsch von Barbara und Lothar Lehnhardt. Berlin: edition q 1994. 458 S.

Die umfassende literarische Darstellung der russischen Revolution und ihrer Vorgeschichte

Alexander Solschenizyn

Das Rote Rad
Erster Knoten

August vierzehn

Roman. Aus dem Russischen von Swetlana Geier. 1049 Seiten. Leinen

Das Rote Rad
Zweiter Knoten

November sechzehn

Roman. Aus dem Russischen von Heddy Pross-Weerth. 1199 Seiten. Leinen

Das Rote Rad
Dritter Knoten

März siebzehn
Erster Teil (23. Februar – 18. März)

Roman. Aus dem Russischen von Heddy Pross-Werth. 746 Seiten. Leinen

Das Rote Rad
Dritter Knoten

März siebzehn
Zweiter Teil (23. Februar – 18. März)

Roman. Aus dem Russischen von Heddy Pross-Weerth. 888 Seiten. Leinen

Der dritte »Knoten« von Alexander Solschenizyns grandiosem Epos über die Russische Revolution schildert die Ereignisse im März 1917 in Petrograd, die Streiks und Demonstrationen der Arbeiter, die zum Sturz der zaristischen Herrschaft und zur Ausrufung der bürgerlichen Republik führen.

PIPER

396 Seiten. Leinen

In diesen sehr persönlichen und faszinierenden Erinnerungen erzählt
Jelena Bonner die Geschichte ihrer Kindheit und Jugend im stalinistischen
Rußland der 30er Jahre, wo sie als Tochter eines hohen Parteifunktionärs
aufwuchs – und vom Alptraum, der folgte.
Diese Aufzeichnungen Jelena Bonners, die später die Frau und
Mitkämpferin Andrej Sacharows wurde, sind ein unverzichtbares
Dokument, das zum Verständnis der russischen Geschichte dieses
Jahrhunderts notwendig ist.

Jelena Bonner
In Einsamkeit vereint
Meine Jahre mit Andrej Sacharow in der Verbannung.
320 Seiten. Serie Piper 1522

»Ein mutiges Buch, es entlarvt, prangert an,
und wenn es Privates preisgibt, dann ohne es zur Schau
zu stellen...«
Norddeutscher Rundfunk

PIPER

»Sacharows ›Leben‹ ist ein epochales Dokument.«

Frank Schirrmacher, Frankfurter Allgemeine Zeitung

»Sacharows Erinnerungen ... wurden zu dem, was der KGB befürchtet hatte:
eine einzigartige Lebensgeschichte und zugleich eine geheime Geschichte
der Sowjetunion in der zweiten Hälfte dieses Jahrhunderts, die Fabel vom verführten
Wissenschaftler, der die ungeheuerlichsten Waffen ersinnt und die Erzählung des
mutigen Dissidenten, dessen Handlungen eine Tyrannei ins Wanken bringen,
eine Studie über die Freiheit und Unterdrückung, ein Katalog der Folter- und
Verfolgungsmethoden und auch eine Geschichte der Angst.«
Frankfurter Allgemeine Zeitung

939 Seiten mit
56 s/w-Abbildungen.
Leinen

PIPER